KB200059

천로역정 2: 아직 끝나지 않은 이야기

天路歷程

고전의 숲
두란노 머스트북 3

천로역정 2: 아직 끝나지 않은 이야기

지은이 | 존 번연
옮긴이 | 정성묵
초판 발행 | 2023. 7. 26
등록번호 | 제1988-000080호
등록된 곳 | 서울특별시 용산구 서빙고로65길 38
발행처 | 사단법인 두란노서원
영업부 | 02) 2078-3333 FAX | 080-749-3705
출판부 | 02) 2078-3332

책값은 뒤표지에 있습니다.
ISBN 978-89-531-4517-7 04230
978-89-531-3462-1 04230 (세트)

독자의 의견을 기다립니다.
tpress@duranno.com www.duranno.com

두란노서원은 바울 사도가 3차 전도 여행 때 에베소에서 성령 받은 제자들을 따로 세워 하나님의 말씀으로 양육하던 장소입니다. 사도행전 19장 8-20절의 정신에 따라 첫째 목회자를 돕는 사역과 평신도를 훈련시키는 사역, 둘째 세계선교TIM와 문서선교단행본·잡지 사역, 셋째 예수문화 및 경배와 찬양 사역, 그리고 가정·상담 사역 등을 감당하고 있습니다. 1980년 12월 22일에 창립된 두란노서원은 주님 오실 때까지 이 사역들을 계속할 것입니다.

고전의 숲
두란노 머스트북 3

천로역정 2

: 아직 끝나지 않은 이야기

존 번연 지음
정성묵 옮김

두란노

추천의 글

첫 번째 이야기만으로도 《천로역정》은 충분히 고전이다. 그러나 한 가정의 가장인 '크리스천'의 회심을 다룬 첫 번째 이야기는 남은 다른 가족들의 운명에 대한 궁금함을 남긴 채 끝이 난다. 이 두 번째 이야기는 바로 그의 아내와 아들들이 남편이 걸었고 아버지가 걸었던 구원의 길을 뒤따르는 여정으로 안내한다. "주 예수를 믿으라 그리하면 너와 네 집이 구원을 받으리라"라는 메시지가 마침내 실현된 것이다. 이는 가족 중 한 사람의 결단이 미치는 거룩한 영향의 궁극성을 우리에게 확인시켜 준다. 《천로역정 2: 아직 끝나지 않은 이야기》에서는 그리스도인이 세상길을 믿음으로 걸어가며 세상에 나눌 수 있는 선한 영향력이 무엇인지 엿볼 수 있다. 그리스도인이란 저 천국만 바라보는 사람이 아니라, 이 땅에서도 천국을 경험하며 그 나라를 확장하는 사람 아니던가. 등장인물들은 우리가 과연 세상의 빛이요 소금임을 증명해 보인다. 이러한 맥락에서 하나님 나라 사역이 소개되며, 심지어 헛됨의 마을에도 변화의 물결이 찾아오는 모습을 볼 수 있다.

《천로역정》이 시사하는 신학적 지평에 관심이 있다면 내가 쓴 《천로역정과 하나님 나라》를 읽어 볼 것을 권한다. 또 이 위대한 고전 시리즈를 읽고 나서 가평 필그림하우스 천로역정 순례 길을 탐방하면서 책의 내용을 성육화해 보라.

《천로역정 2: 아직 끝나지 않은 이야기》는 우리가 교회를 통해 아직 해야 할 일이 있기에 우리를 이 땅에 남겨 두신다는 메시지로 막이 내린다. 그 사명을 함께 고민하며, 이 놀라운 고전의 마당으로 성도 여러분을 초대한다.

이동원 지구촌교회 원로목사

이십 대 초반,
종작없는 열정에 휩싸여 매사 비판적이었던 내게 벗 하나가
웃으며 《천로역정》을 건넸다. 별 기대 없이 손에 들었지만
모든 것을 버려두고 길을 떠나는 크리스천의 홀가분한 모습에
마음이 이끌렸다. 온갖 유혹과 시련을 뿌리치며
끝끝내 진리의 모험을 계속하는 그의 모습에서
나는 얼핏 거룩한 분의 뒷모습을 본 듯했다.
땅의 현실에 탐닉하느라 순례자임을 잊고 사는 이들에게 이 책은
우리가 지향해야 할 세계가 어디인지를 옹골차게 가리켜 보인다.
이 책을 통해 독자들이 현실을 외면하지 않으면서도
현실을 초극할 용기를 얻을 수 있으면 참 좋겠다.

김기석 청파교회 담임목사

영적 도전이 필요할 때 《천로역정》을 펼치면
다시금 일어날 힘을 얻는다.
자신의 영적 상태를 점검하고자 《천로역정》을 읽으면
상황을 극복하는 지혜와
사명을 이루고자 하는 새로운 결단이 일어난다.
《천로역정》을 손에 쥐면
세상 앞에서 겸손하나 당당한 참신자의 삶이 시작된다.
한국 모든 그리스도인들이 찰스 스펄전처럼
《천로역정》을 100번은 읽었으면 좋겠다.

류응렬 와싱톤중앙장로교회 담임목사

차례

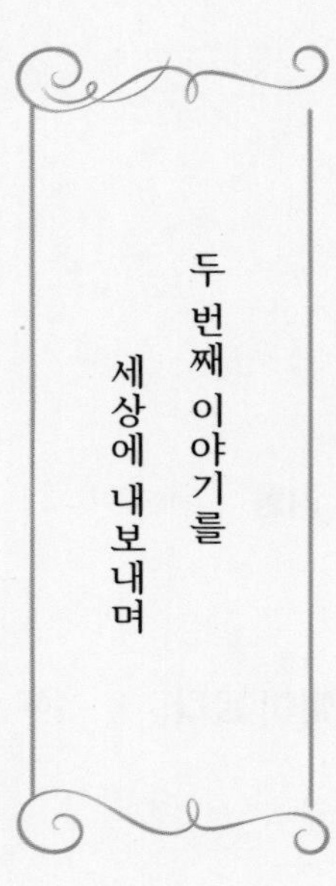

두 번째 이야기를 세상에 내보내며

자, 나의 작은 책아, 이제 가라.
나의 첫 순례자가 얼굴을 비쳤던 곳마다
가서 문을 두드리라.
안에서 "누구요?"라는 말이 들려오거든
"크리스티아나요"라고 대답하라.
안에서 들어오라고 하면 들어가라.
그대의 자식들과 함께 들어가
그 아이들이 누구이며 어디서 왔는지

있는 그대로 말하라.
어쩌면 그들이 아이들 생김새나 이름을 보고 알아볼지도 모른다.
하지만 알아보지 못한다면 다시 물으라.
전에 크리스천이라는 순례자를 환대한 적이 없는지.
그들이 그런 적이 있다고, 그의 순례에 기뻤노라 대답한다면
그 아이들이 그의 자식이고 그대는 그의 아내라고,
내세를 찾아 순례자가 되었으며,
도중에 온갖 고생을 했다고,
밤낮으로 온갖 고난을 만났다고,
뱀을 짓밟고 악마들과 싸우고
온갖 악을 이겼다고 말하라.
순례 길을 사랑하여
그 길의 강하고 용감한 지킴이가 되었다고 알려 주라.
아이들이 아버지의 뜻을 행하기 위해
이 세상을 어떻게 뿌리쳤는지 말해 주라.
순례의 길에서 얻은
좋은 것들이 무엇인지도 말해 주라.
왕의 돌봄 아래서 어떤 사랑을 받았으며,
왕께서 그들에게 얼마나 훌륭한 거처를 주셨는지,
거친 바람과 사납게 솟구치는 파도 한가운데서도
주님과 그분의 길이 아이들을 굳게 붙잡아 준 덕분에
얼마나 평온했는지 말해 주라.

그대가 찾아간 곳에서,

그들이 첫 순례자에게 그랬듯,

그대와 그대의 길벗들을

마음을 다해 환영하고 격려하며

좋은 음식으로 대접하면서

순례자들을 얼마나 사랑하는지 보여 줄지 모르니.

이 의 1

하지만 내가 정말로 당신의 책인 줄

그들이 믿지 않으면 어떻게 합니까?

순례자와 똑같이 보이기 위해서

이름까지 도용한 책들이

얼마나 많은 사람의 손과 집에

들어갔는지 모르니까요.

답 변

최근 나의 책 제목을 훔쳐

나의 순례자를 도용한 자들이 있었다.

심지어 책의 이름 절반을 떼어

자신의 책에 갖다 붙인 자들도 있지.

하지만 누구의 책이든
그 특징을 가만히 보면
나의 책이 아니라는 사실을 단번에 알아차릴 수 있다.
그대를 그런 책이라고 말하는 자들을 만나거든
현재 아무도 사용하지 않고
누구도 쉽게 흉내 낼 수 없는
그대만의 언어를 사용해
말하기만 하면 된다.
만일 그래도 그들이 여전히 그대를 의심해
그대를 집시처럼 전국을 돌며
악한 지식으로 세상을 어지럽히는 자로 여기거나,
근거도 없는 말로
선한 사람들을 현혹시키려는 자로 여긴다면,
그땐 나를 부르라.
그대가 순례자라고
지금도, 앞으로도
오직 그대만이 나의 순례자라고
내가 증언해 주리라.

이의 2

하지만 혹시 순례자가 망하고 죽기를 바라는 자들에게

순례자에 관해 묻게 되면 어떻게 합니까?
그런 곳에서 순례자에 관해 물었다가
그들이 길길이 날뛰면 어떻게 합니까?

답 변

나의 책이여, 걱정하지 말라.
그런 걱정은 완전히 쓸데없는 걱정이니.
나의 순례자의 책은 바다와 땅을 숱하게 다녔지만
그 책이 경시나 문전박대 당하는 것을
한 번도 본 적이 없다.
부한 나라든 가난한 나라든 어느 나라를 가든지,
심지어 사람들이 서로를 죽이는 프랑스와 플랑드르에서도
나의 순례자는 친구요, 형제로 존중받았다.
네덜란드에서도 그렇다는 말을 들었다.
어떤 이들은 나의 순례자를 금보다도 더 귀하게 여기나니
하일랜드 사람도, 거친 아일랜드 사람도
나의 순례자를 친밀하게 여긴다.
눈부시게 발전한 뉴잉글랜드에서는
나의 순례자의 이목구비와 팔다리가 잘 드러나도록
말끔하게 다듬고
새 옷을 입히고 보석으로 장식해

정말 사랑스러운 용모를 선사했다.
이외에도 예를 들자면 끝이 없다.
나의 순례자는 더없이 단정하게 다니며
수많은 사람이 매일 그에 관해서 노래하고 이야기한다.
고향이 가까울수록
나의 순례자는 수치나 두려움을 느낄 이유가 더더욱 없어진다.
사방에서 "어서 오시오, 순례자여!"라고 외치며
그를 환영하고
나의 순례자가 지나가면
사람들이 웃음을 멈추지 못하기 때문이지.
멋진 사내들은 나의 순례자를 안고 사랑하며
더 크고 두꺼운 다른 책들보다
나의 순례자를 더 높이 평가한다.
모두가 기뻐하며
"내 종달새의 다리 하나가 솔개 한 마리보다 낫다"라고 말한다.
젊은 숙녀와 귀부인도
나의 순례자에게 적잖은 친절을 베푼다.
그들의 진열장과 가슴 속에
나의 순례자가 있다.
그것은 그가 훌륭한 수수께끼를
그들에게 열심히 전해 주기 때문이다.
그 수수께끼는 읽는 고통보다

갑절의 유익을 안겨 준다.
감히 말하건대
어떤 이들은 그를
황금보다도 소중히 여긴다.
아이들은 길거리를 걷다가
나의 거룩한 순례자를 만나면
인사를 건네고 축복하며
그가 그 시대에 유일하게 순수한 사람이라고 말한다.
그를 본 적이 없는 사람들도
그에 관한 이야기를 듣고 존경심을 품으며,
귀에 못이 박이도록 들은 그 순례자 이야기들을
그와 동행하면서 그의 말을 직접 듣기를 간절히 원한다.
처음에는 그를 바보 천치로 부르며
사랑하지 않은 사람들도
그를 보고 그의 말을 들은 뒤에는
그를 칭찬하면서
자신이 사랑하는 이들에게 그를 보낸다.
그러니 나의 두 번째 순례자여,
그대의 모습을 드러내기를
두려워할 필요가 없다.
그대보다 앞서간 순례자를
모두가 칭송했으니

아무도 그대를 해치지 않으리.
뒤에 가는 그대 역시 앞선 이 못지않게
젊은이에게도 나이 든 이에게도
약한 사람에게도 강한 사람에게도
좋고 풍성하고 유익한 것을
가득 품고 있기 때문이다.

이의 3

순례자가 너무 시끄럽게 웃는다고
혹은 그의 의도가 안개 속에 있어 뿌옇다고
혹은 그의 말과 이야기는 모호해서
이해하기 힘들다고 불평하는 이들도 있습니다.

답변

촉촉한 눈을 보고
웃는다고 생각할 수도 있고
운다고 생각할 수도 있다.
머리는 웃게 만들어도
마음을 아프게 만드는 것들이 있다.
야곱은 양 떼와 함께 있는 라헬을 보고

입을 맞추는 동시에 흐느꼈다.
순례자의 의도가 안개 속에 있다고 말하는 이들이 있지만
지혜를 표면 아래에 숨기면
마음이 동해
그 지혜를 자진해서 찾기 마련이다.
모호한 단어 속에 숨은 것들은
경건한 마음을 자극하여
모호한 글 속에 담긴 뜻을
연구하게 만든다.
모호한 비유는
비유를 활용하지 않은 글보다
상상력을 더 자극하여
가슴과 머리에 더 깊이 자리 잡는다.
그러니 나의 책이여,
부디 낙심해 여행을 포기하지는 않기를.
그대는 적이 아닌
그대와 나의 순례자들에게 거처를 제공해 주고
그대의 말을 받아들일
친구들에게 보냄을 받은 것이니.
게다가 나의 첫 순례자가 숨겨진 채로 둔 것을
나의 두 번째 순례자인 멋진 그대가 열리라.
크리스천이 잠긴 채로 두고 간 것을

사랑스러운 크리스티아나가 열쇠로 열리라.

이 의 4

하지만 첫 순례자의 이야기를 좋아하지 않는 이들도 있습니다.
그들이 이 이야기를 지어낸 이야기로 여겨
쓸모없는 쓰레기 취급해 버린다면요?
그런 사람들을 만나면 뭐라고 말해야 합니까?
그들이 나를 경멸하는 것처럼
나도 경멸해야 합니까?

답 변

나의 크리스티아나여, 그런 자를 만나거든
똑같이 욕하지 말고
최대한 사랑과 지혜로 그들을 대하라.
그들이 눈살을 찌푸리거든
그대는 미소로 답하라.
그들이 그대를 경멸하거나 쏘아붙이는 것은
아마도 원래 그런 자들이거나
잘못된 소문을 들은 것일 테니.
치즈나 생선을 좋아하지 않고

친구나 자기 집을
싫어하는 자들도 있기 마련이니.
어떤 이는 돼지를 보면 소스라치게 놀라고
또 어떤 이는 병아리를 혐오하고 닭을 좋아하지 않으니.
뻐꾸기나 올빼미를 더 좋아하는 사람도 있으니.
나의 크리스티아나여,
그런 이들은 각자 선택하는 대로 놔두고
그대를 기뻐하는 이들을 찾으라.
애쓰지 말고 겸손과 지혜 가운데
그냥 그들에게 순례자의 모습을 보여 주라.
나의 작은 책이여,
그대를 환대하고 환영할 이들에게 가서
다른 이들에게 보여 주지 않은 것을
보여 주라.
그대가 보여 준 것이 그들에게 유익이 되어
그들이 그대나 나보다
더 나은 순례자가 되기를 바라라.
그대가 크리스티아나라고 말하고
순례자의 삶이 어떤 것인지를
그대의 네 아들과 함께 보여 주는 것이
그대의 역할이라고 말하라.
또한 지금 그대와 함께 순례의 길을 걷는 이들이

누구인지 말해 주라.
“여기는 내 이웃 긍휼 양이에요.
오랫동안 나와 함께 순례의 길을 걸어온 사람이지요.
와서 그녀의 순결한 얼굴을 보고
게으른 자와 순례자의 차이를
똑똑히 보십시오”라고 말하라.
이 사람의 마음이 얼마나 순수했는지 말해 주라.
그리고 어떻게든 내세를 알려 주라.
발걸음이 경쾌한 처녀들은 하나님을 따를 때
늙은 죄인들은 하나님께 매를 맞나니,
이 처녀는 늙은이들이
“호산나!”를 외치는 젊은이들을 비웃던 시대를
떠올리게 한다.
그다음엔, 백발을 휘날리며
순례자들의 땅을 터벅터벅 걸었던
노신사 정직에 관해서 알려 주라.
이 사람의 마음이 얼마나 순수했는지
그가 어떻게 자신의 십자가를 지고
선한 주님을 따라갔는지 말해 주라.
그를 보면
백발의 노인 중에
그리스도와 사랑에 빠지고

죄에 대해 애통해하는 이들이
적지 않음을 알 수 있노라.
두려움 씨가 어떻게 순례의 길을 갔고
어떻게 두려움과 통곡 속에서
홀로 시간을 보냈는지도 알려 주라.
그리고 어떻게 그가 마침내 상급을 얻고 기뻐했는지도.
그는 마음이 무척 연약했지만 선한 사람이었다.
선한 사람이어서 생명을 물려받았다.
앞장서지는 못했지만
뒤에서 꿋꿋이 따라간
약한 마음 씨에 관해서도 말해 주라.
죽임을 당할 뻔했지만
담대 씨 덕분에 그가 목숨을 구한 일도 이야기해 주라.
이 사람은 유약했지만
참된 마음의 소유자였나니.
누구든지 약한 마음 씨의 얼굴에서
진정한 경건을 읽을 수 있으리라.
비록 목발을 짚고 다녔지만
흠이 없었던 멈추기 직전 씨에 관해 말해 주라.
그와 약한 마음 씨가 어떻게 서로를 사랑하고
의기투합했는지를 이야기해 주라.
그들은 비록 약했지만

때로 한 사람은 노래하고 한 사람은 춤을 출 수 있었다.
참, 매우 젊었지만 누구보다 용감했던
진리의 용사를 빼놓지 말라.
그의 정신은 더없이 강해서
아무도 그를 뒷걸음질치게 할 수 없었노라고
모두에게 말하라.
그와 담대 씨가 악을 그냥 넘어가지 않은 이야기를 해 주라.
아, 담대 씨를 필두로 다 같이
의심의 성을 허물고 절망의 거인을 죽인 일도.
또한 의기소침 씨도 잊지 말라.
그의 딸 왕겁쟁이도 잊지 말라.
겉으로 보면
하나님이 그들을 버리신 것 같았지만
그들은 끝까지 천천히, 하지만 꿋꿋이 걸어가
순례자들의 주님이 자신들의 친구임을 발견했노라.
나의 책이여, 온 세상에 이런 이야기를 해 주고 나서
몸을 돌려 이 줄을 튕기라.
이 줄을 튕기기만 하면
멋진 음악이 흘러나와
다리 저는 이가 춤을 추고
거인이 벌벌 떨리라.
그대 가슴에 품은 이 수수께끼들을

마음껏 제시하고 풀어 주라.
그대의 불가사의한 글귀 중 일부는
상상력이 뛰어난 이들을 위해
풀리지 않은 채로 남겨 두라.
이제 이 작은 책이
이 작은 책과 나를 사랑하는 이들에게
복이 되고
이 책을 산 사람들이
돈을 괜히 버렸다는 말을 하지 않게 되기를 바란다.
이 두 번째 순례자가
모든 선한 순례자들의 마음에 쏙 드는 열매를 맺고
방황하는 이들의 발걸음과 마음을 돌려
옳은 길로 가게 만드는 것이
이 책을 쓴 나, 존 번연의 간절한 기도다.

— 존 번연

John
Bunyan

절박한 심정으로 멸망의 도시에서 나와 십자가에서 죄 짐을 벗은 뒤, 험지를 지나며 햇빛이 비치는 산을 넘고 때로는 어두운 골짜기를 거쳐 가며 하나님의 천성을 향하던 크리스천의 흥미진진한 순례 여정을 기억하는가? 그는 수많은 사람의 오해와 만류, 숱한 유혹과 모진 핍박 속에서도 하나님의 인도하심과 믿음의 사람들의 도움으로 끝내 달려갈 길을 마쳤다. 마침내 죽음의 강을 건너 찬란한 천성에 이른 크리스천.

그러나
이야기는 아직 다 끝나지 않았다.

그가 순례 길을 떠날 때 함께 떠나기를 극구 거부하고 남아 있던 그의 아내 크리스티아나와 아들들은 감사하게도 더 늦기 전에 마음을 돌이켰고, 크리스천을 뒤따라 천성을 향한 순례 길에 오르는데……

The Pilgrim's Progress part II

A PLAN of the ROAD from the CITY of DESTRUCTION to

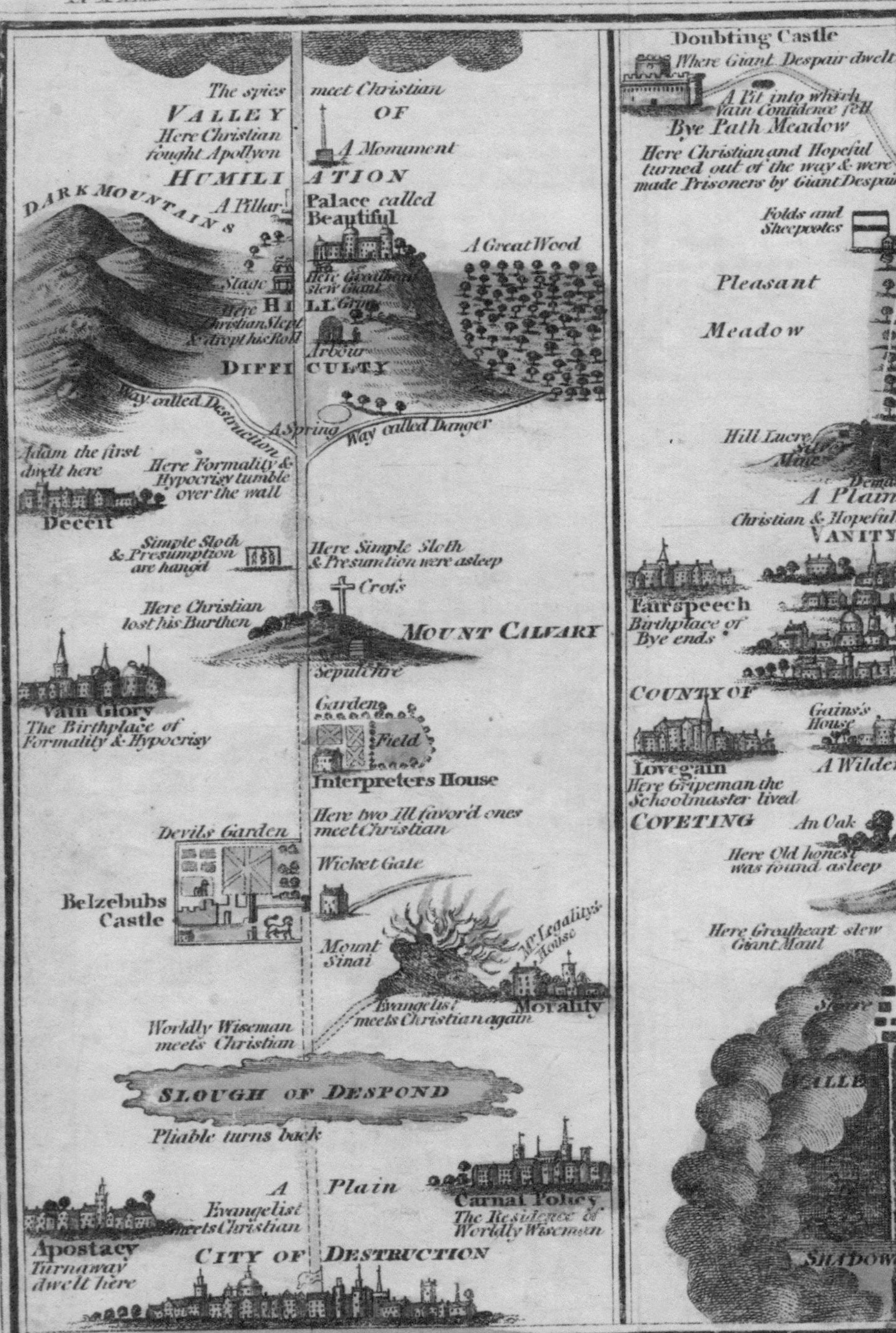

the CŒLESTIAL CITY, Adapted to the PILGRIMS PROGRESS.

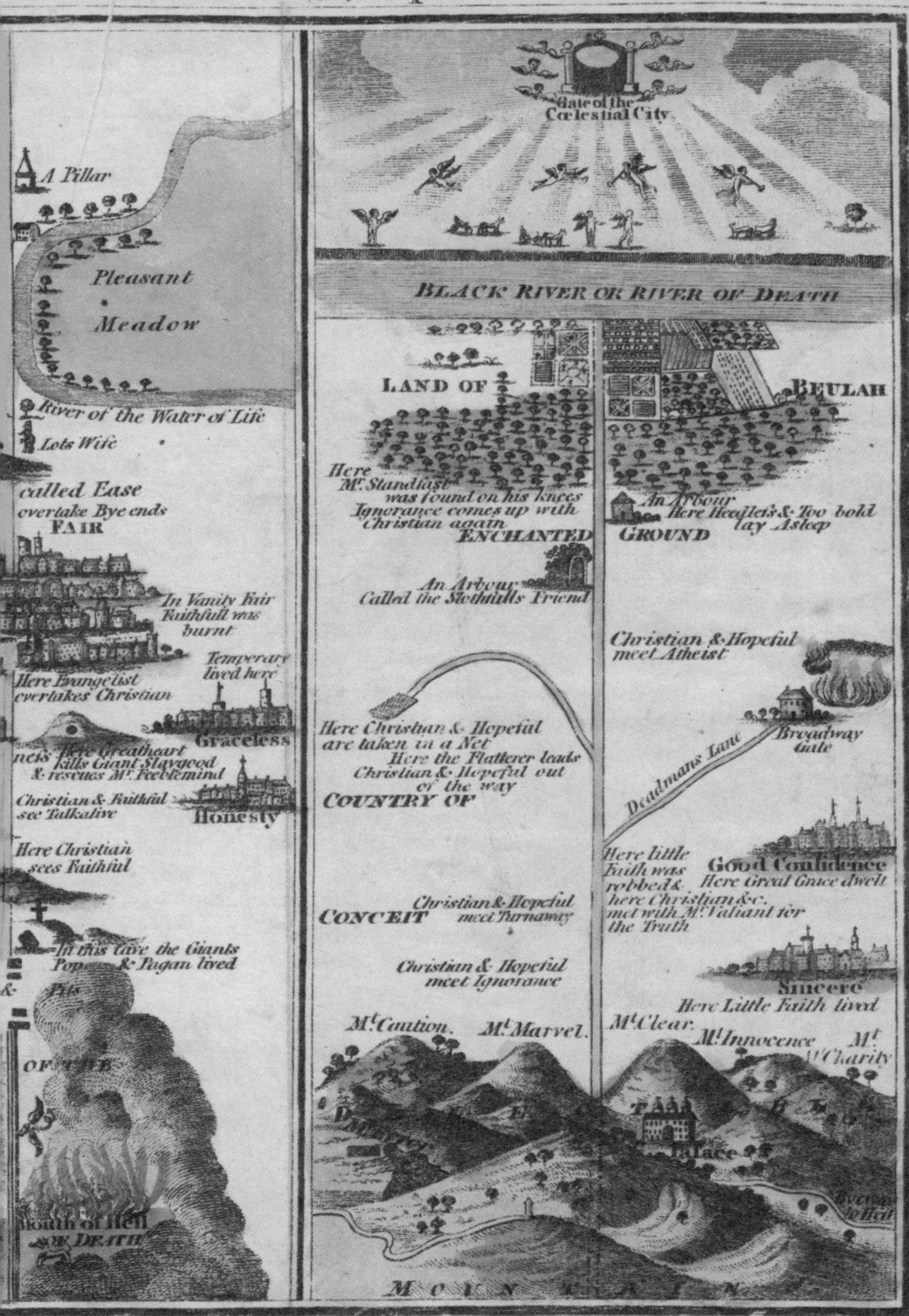

CHAPTER 1

다시,
구원의 바람이
불어오다

오늘, 아버지의 열심

크리스티아나, 크리스티아나의 네 아들(마태, 요셉, 사무엘, 야고보), 현명, 비밀, 겁쟁이, 긍휼, 일자무식 , 박쥐눈, 무분별, 경솔

존경하는 길동무들이여, 일전에 나는 꿈에서 순례자 크리스천 Christian이 천국을 향해 위험천만한 여행을 하는 것을 보고서 여러분에게 자세히 전해 주었다. 나도 즐거웠고, 여러분에게도 유익했으리라 믿는다. 그때 크리스천의 아내와 아이들 이야기도 조금 나왔다. 크리스천의 가족은 순례 길에 따라나서기를 한사코 거부했고, 결국 크리스천은 가족을 두고 혼자 길을 떠날 수밖에 없었다. 멸망의 도시 City of Destruction에 머물다가는 꼼짝없이 맞게 될 '영원한 멸망'에 대한 두려움을 그는 도저히 견딜 수 없었다.

크리스천이 순례를 시작했던 지역은 예전에 내가 수시로 드나들던 곳이었다. 하지만 한동안 내가 이 일 저 일로 몹시 바빠 그곳에 다녀올 상황이 아니었다. 그래서 미처 크리스천의 가족이 그 후로 어떻게 지내는지 파악할 수도, 여러분에게 알려 줄 수도 없었다. 그러다 최근 마침 볼일이 생겨서 그곳에 다시 가게 되었다. 이번에는 지난번 그곳에서 1.5킬로미터쯤 떨어진 곳에 여행 짐을 풀고서 깜빡 잠이 들었는데, 또다시 꿈을 꾸었다.

꿈속에서 보니, 내가 누운 곳으로 한 노신사가 다가왔다. 그도 내가 가려는 곳으로 간다기에 마침 잘됐다 싶어 얼른 따라나섰다. 우리는 함께 걷다가 길동무들이 으레 그렇듯 대화를 나누었고, 자연스럽게 크리스천과 그의 순례에 관한 이야기를 하게 되었다.

내가 먼저 노신사에게 물었다. "어르신, 우리가 가는 길에서 저기 아래 왼편에 있는 도시는 어떤 곳입니까?"

그러자 현명Sagacity이라는 이름의 그 노신사는 이렇게 대답했다. "멸망의 도시라오. 사람들로 엄청나게 붐비는 도시요. 특히 못되고 게으른 자들이 득실거린다오."

나 ─ 아, 그 도시인 것 같았습니다. 전에 저곳을 지나간 적이 있거든요. 어르신 말씀대로 정말 그렇더군요.

현명 ─ 정말 그렇소. 저기 사는 자들에 관해 좀 더 좋게 말해 줄 수 있다면 좋으련만…… 도무지 그럴 수가 없는 인간들이오.

나 ─ 어르신은 좋은 분 같습니다. 선한 것에 관해 듣고 말하고 싶어 하시는 마음이 느껴집니다. 그런데 말입니다. 혹시 얼마 전에 이 마을에 살다가 더 높은 지역으로 순례의 길을 떠난 남자에 관한 이야기를 들어 보셨나요?

현명 ─ 암, 듣다마다요. 그가 여행 중에 온갖 훼방과 고생과 전투를 만났고 사로잡히기도 했다는 이야기를 들었소. 울고 괴로워하고 두려움에 떨었다지. 사실, 그 사람 소문이 온 나라에 자자하다오. 하지만 그의 이야기를 듣고서 그를 따라 순례 길에 나선 사람은 막상 거의 없소. 그래도 다들 그의 위험천만한 여행을 높이 평가하고 있기는 하오. 그가 이곳에 있을 때는 모두에게 바보라며 손가락질을 당했지만 이제는 다들 입에 침이 마르도록 그를 칭찬하고 있소. 그는 지금 그가 있는 곳에서 잘 살고 있다고 하오. 사람들 대부분이 크리스천처럼 모험할 엄두는 내지 못하면서 다들 그가 받은 온갖 상에만 군침을 흘리고 있다오.

나 ⸍ 그가 지금 있는 곳에서 잘 살고 있다는 건 맞는 말입니다. 지금 생명의 샘Fountain of Life에서 아무런 고통도 없이 살고 있다지요. 슬픔 따위는 없는 그곳에서 말입니다.

현명 ⸍ 사람들은 그를 두고 이상한 말들을 한다오. 그가 지금은 흰 옷을 입고 산다고 하더구려.계 3:4; 6:11 목에는 금 목걸이를 걸고 머리에는 진주가 박힌 금관을 썼다나. 여행 중에 그에게 나타났던 빛나는 천사들이 지금은 그의 친구라는 말도 있소. 그들과 이웃처럼 가깝게 지낸다고도 하고. 게다가 그곳 왕께서 그에게 웅장하고 아름다운 궁전 안에서도 정말 으리으리한 곳을 거처로 마련해 주었다고 장담하는 이들도 있다오. 그곳에서 그는 매일 그분과 함께 먹고 마시고 걷고 이야기를 나누며 온 땅의 재판장이신 그분의 총애를 받고

있다지 뭐요. 슥 3:7; 눅 14:15

어디 그뿐인가. 그 나라의 주인이신 그분의 아들 왕자께서 조만간 이곳에 와서, 크리스천이 순례 길을 떠날 거라는 사실에 이웃들이 왜 그토록 심하게 조롱했는지 그 진상을 파악하실 거라 말하는 이들도 있소. 유 1:14-15 지금 크리스천은 왕자의 사랑을 한 몸에 받고 있다고 하오. 왕자께서는 그가 순례자가 되고 나서 받은 모욕에 관심이 많으시며, 마치 자기가 당한 것처럼 그 일을 철저히 조사하실 거라고도 하고……. 눅 10:16 뭐, 전혀 놀랄 일도 아니지. 크리스천이 모험을 시작한 것 자체가 다름 아닌 왕자를 향한 사랑 때문이었으니.

나 ⁄ 정말 잘됐네요. 불쌍한 그 남자가 이제 고생에서 벗어나, 눈물을 흘린 결과를 기쁨으로 누리고 있으니 얼마나 잘된 일입니까? 이제 그는 적들의 사정권에서 벗어났어요. 그를 미워하는 자들이 미치지 못하는 곳에 있으니 참으로 다행입니다. 계 14:13; 시 126:5-6 또 이런 소식이 이 나라 전역에서 떠들썩하니, 이것도 잘된 일입니다. 남아 있는 사람들한테 선한 영향을 미칠 테니 말이에요. 그런데 어르신, 생각난 김에 여쭙고 싶습니다. 혹시 크리스천의 아내와 아들들에 관해 어떤 이야기라도 들으신 게 있으신가요? 그들이 어떻게 지내는지 걱정입니다.

현명 ⁄ 누구요? 크리스티아나와 그 아들들 말이오? 그들도 크리스천처럼 잘 해낼 거요. 물론 처음에는 크리스천을 조롱했지. 크리스천이 아무리 눈물로 호소해도 그들은 마음을 돌리지 않았소. 하지만 다행히 나중에는 생각을 고쳐먹고 그들도 짐을 꾸려 크리스천의 길을 따라갔다오.

나 ⁄ 정말 잘된 일이에요. 아내와 아이들이 다 떠난 건가요?

현명 ⁄ 그렇소. 그 일이라면 내가 자세히 이야기해 줄 수 있소. 당시 현장에서 내 두 눈으로 모든 일을 똑똑히 지켜봤다오.

나 ⁄ 그러면 어르신이 말씀해 주신 대로 제가 다른 사람들에게 전해도 될까요?

현명 ⁄ 아무렴, 걱정 말고 전하시오. 그 선한 여인과 네 아들은 분명 순례를 떠났소. 아무래도 당신과 한참 동행할 것만 같으니 지금부터 내 전말을 소상히 말해 주리다.

이제부터는 노신사 현명 선생이 들려준 이야기다.

"남편이 강을 건너가 더 이상 소식을 들을 수 없게 된 후로 크리스티아나Christiana(아이들을 데리고 직접 순례의 삶에 오른 날부터 이것이 그녀의 이름이 되었소)의 머릿속에 온갖 생각이 다 들기 시작했소. 처음에는 남편을 잃었다는 생각뿐이었지. 남편과의 사랑의 관계가 완전히 끊어졌다는 생각 말이오. 알다시피 사랑하는 사람을 잃고 나면 갖가지 무거운 상념에 잠기는 것이 인지상정 아니겠소? 남편을 떠올리며 하염없이 울던 그녀는 어느 순간 자신을 돌아보기 시작했소. '내가 남편에게 못되게 굴어서 남편을 더 이상 볼 수 없게 된 걸까? 남편이 그래서 나를 떠난 게 아닐까?' 자신이 남편에게 보였던 수많은 고약하고 무정하고 불손한 태도가 한꺼번에 기억나기 시작한 거요. 양심에 찔리고 죄책감에 사로잡혔다오. 남편의 괴로운 신음 소리와 한탄, 그가 흘린 짜디짠 눈물이 떠올라 가슴이 미어졌소. 남편이 자신과 아이들에게 함께 가자고 그토록 사랑으로 애원해도 들은 체 만 체 한 자신이 너무나 미웠던 거요. 남편이 등에 무거운 짐을 내내 짊어진 채 자기 앞에서 했던 말과 행동이 번갯불 번쩍이듯 자꾸 떠올라 가슴이 찢어질 듯 아픔이 밀려왔소. 특히 '어떻게 해야 구원받을 수 있을까?' 하던 남편의 괴로운 절규가 그녀의 귓가를 맴돌았다오.

결국 견디다 못해 크리스티아나는 아이들에게 이렇게 말했소.

크리스티아나 ⁄ 애들아, 우린 이제 다 틀렸어. 이 엄마가 너희 아빠한테 죄를 지어 아빠가 떠나 버렸구나. 너희 아빠는 우리를 데려가려 했는데 내가 고집을 부리고 가지 않았어. 그 바람에 너희까지 생명을 얻지 못하게 되었구나.

그 말에 아이들은 눈물을 펑펑 쏟으면서, 아빠를 따라가자고 소리지르며 졸라 대기 시작했다오.

크리스티아나 ⁄ 그때 너희 아빠를 따라갔어야 했어. 그랬다면 이런 꼴을 당하지 않고 진정으로 성공한 인생을 살았을 텐데. 어리석게도 이 엄마는 너희 아빠의 고뇌를 그저 어리석은 공상이나 우울한 기분에 사로잡힌 거라고 치부했단다. 하지만 알고 보니 다른 원인이 있었던 거야. 아빠는 생명의 빛을 받았던 거란다.약 1:23-25 이제 보니 아빠는 그 빛의 도움으로 죽음의 덫을 탈출했던 거지.

크리스티아나와 아들들은 절망에 빠져 다 함께 통곡했소. '아아, 정말 한스럽구나!'

다음 날 밤 크리스티아나는 꿈을 꾸었소. 꿈에 그녀의 모든 행실이 낱낱이 기록되어 있는 넓은 양피지 한 장이 그녀 앞에 펼쳐져 있었다오. 그 기록을 보고 있자니 눈앞이 캄캄해졌소. 절박해진 크리스티아나는 잠결에 소리 내어 울부짖었소. '하나님이여, 불쌍히 여기소서! 나는 죄인이로소이다!'눅 18:13 어린아이들도 그 기도 소리를 들었다오.

그때 몹시 흉악하게 생긴 자 두 명이 침대 머리맡에 서서 수군거리는 것이 보였소. '이 여자를 어떻게 할까? 자나 깨나 자기를 불쌍히 여겨 달라고 저리 호소하니 말야. 이 여자가 계속 이렇게 고통스러워하다가는 우리가 그 남편을 잃었던 것처럼 이 여자도 잃어버리고 말겠어. 어떻게든 이 여자가 나중 일을 생각하지 못하게 만들어야 해. 그렇지 않으면 이 여자도 끝내 순례자가 되고 말 거라고.'

그 말에 크리스티아나는 온몸에 식은땀을 흘리며 잠에서 깨어났다오. 그러고는 한동안 몸을 부르르 떨더니 이내 다시 잠에 빠져들었는데…… 그때, 꿈속에서 여러 불멸의 존재와 함께 지복의 장소에 있는 남편 크리스천을 본 것이오. 남편은 위로 무지개가 둘러 있는 보좌에 앉은 분 앞에 서서 수금을 연주하고 있었소. 잠시 후 남편은 왕자의 발아래 잘 닦인 길에 고개를 바짝 대고 엎드려 말했소. '나의 주 왕이시여, 저를 이곳으로 데리고 와 주셔서 진심으로 감사드립니다.' 그 순간, 주변에 서 있던 무리가 큰 소리로 무언가를 말하며 비파를 연주하기 시작했다오. 살아 있는 사람 아무도 이해할 수 없는 그 말을 크리스천과 그곳에 있던 무리만은 알아들을 수 있었소.

이튿날 아침, 잠에서 깬 크리스티아나가 하나님께 기도를 드리고 아이들과 잠시 이야기를 나누는데 문 두드리는 소리가 들렸소. 이에 그녀는 '하나님의 이름으로 오시는 분이면 들어오십시오'라고 말했다오. 밖에 있는 사람은 '아멘'이라고 답하더니 문을 열고 평안을 빌며 안으로 들어왔다오. 안에 들어온 방문자는 이렇게 말했소. '크리스티아나, 내가 왜 왔는지 알겠습니까?' 그 말을 듣자마자 크리스티아나의 얼굴이 달아오르고 몸이 떨리는 게 느껴졌소. 게다가 그가 어디서 무슨 용무로 왔는지 알고 싶은 열망에 가슴이 뜨거워지기 시작했다오.

비밀 ⁄ 내 이름은 비밀Secret입니다. 높은 곳에 있는 이들과 함께 살고 있지요. 그대도 그곳에 가고 싶어 한다는 말을 들었습니다. 그대가 전에 남편에게 행한 악한 일을 통감하고 있다는 소식도요. 마음이 완악해져서 남편의 길을 따르지 않고 어린 자식들까지 무지에 가두어 둔 것을 후회한다고 하더군요. 크리스티아나, 자비로운 분께서 나를 보내셨습니다. 그 분이 어떤 죄든 기꺼이, 그리고 몇 번이고 용서하기를 즐겨

하시는 분이라고 말해 주라고 하십니다.

또 그분이 그대를 그분의 품, 그분의 식탁으로 초대하셨다는 사실을 알려 주려고 왔습니다. 그분은 그대에게 그분의 집에 있는 기름진 음식을 먹이고 그대의 선조 야곱의 유산을 주려고 하십니다. 그곳에는 그대의 남편이었던 크리스천이 있습니다. 많은 벗과 함께, 그분의 얼굴을 보는 이들에게 생명을 주시는 분의 얼굴을 영원토록 바라보고 있지요. 그대의 발이 아버지의 문지방을 넘는 소리를 들으면 그들 모두 몹시 기뻐할 겁니다.

크리스티아나는 몹시 부끄러운 나머지 고개를 푹 숙이고 있었소. 그러자 이 방문자가 다가와 이렇게 말했다오. '크리스티아나, 여기 그대를 위한 편지가 있습니다. 그대 남편의 왕께서 보내신 편지예요.' 크리스티아나가 편지를 받아 열어 보니 고급 향수 비슷한 향내가 확 풍겼소.아 1:3 게다가 글씨도 금으로 쓰여 있지 뭐요. 편지 내용은 왕께서 그녀의 남편에게 해 주셨던 것처럼 그녀에게도 해 주기를 원하신다는 거였소. 한마디로 크리스티아나도 그분의 천성Celestial City에 와서 그분 곁에서 영원히 기쁨을 누리며 살기를 원하신다는 것! 이 말을 들은 이 선한 여인은 주체 못 할 감동에 휩싸일 수밖에.

그녀는 간절히 부르짖었소.

크리스티아나 ⁄ 선생님, 저와 제 아이들을 데려가 주시겠습니까? 저희도 가서 왕께 경배하고 싶습니다.

비밀 ⁄ 크리스티아나, 고생 끝에 낙이 온다라는 말이 있듯, 먼저 이 천성에 들어간 그대의 남편처럼 고난을 겪게 될 겁니다. 그대의 남편 크리스천처럼 저기 평야의 좁은 문Wicket gate으로 가세요. 거기서 당신이 가야 할 오르막길이 시작됩니다. 모두 서두르시기 바랍니다. 참, 그리고 그분의 편지도 품에 챙기세요. 그 안에 써 있는 내용이 마음 깊이 새겨질 때까지 스스로도 읽고 아이들에게도 읽어 주어야 하거든요. 이 편지는 그대가 순례자로서 나그네 된 이 집, 세상에 사는 동안 그대가 불러야 할 노래 중 하나입니다.[시 119:54] 그리고 저 멀리에 있는 천성 문에서 이 편지를 내주어야 합니다."

꿈에서 보니, 현명 선생은 내게 이 이야기를 해 주면서 자신이 더 큰 감동을 받는 듯했다. 현명 선생의 말이 계속되었다. "그래서 크리스티아나는 자식들을 한데 불러 모아 말했소.

크리스티아나 ⁄ 얘들아, 너희도 알다시피 최근에 엄마는 너희 아빠의 죽음으로 심히 괴로웠단다. 아빠가 행복하지 않으실까 봐 그런 게 아니야. 지금 아빠는 정말 잘 지내고 계신단다. 하지만 나와 너희의 상황을 생각하면 몹시 괴롭구나. 우리 상황은 참으로 비참해. 또 너희 아빠가 괴로워할 때 내가 보인 태도가 양심에 큰 가책이 되는구나. 내 마음이 완악해져서 너희 아빠를 따라 순례 길에 오르기를 고집스레 거부했지. 엄마가 너희 마음까지 완악하게 만들었어.

이런 생각을 하니까 정말 죽고만 싶었어. 하지만 간밤에 꿈을 꾸고 오늘 아침에 우리 집을 찾아오신 이분께 격려를 받았단다. 자, 얘들아, 짐을 챙겨서 우리도 어서 천국으로 가는 문으로 가자꾸나. 거기에 가면 너희 아빠를 만날 수 있을 거야. 그 땅의 법에 따라 아빠뿐 아니라 아빠의 친구들과 평안하게 살 수 있을 거야.

아이들은 엄마의 마음이 기쁨으로 충만한 것을 보고 같이 기쁨의 눈물을 흘렸소. 이윽고 비밀이라는 방문자는 작별을 고했고, 크리스티아나와 아들들은 여행을 위해 짐을 꾸리기 시작했다오.

그런데 그들이 막 집을 나서려는데 크리스티아나의 이웃인 두 여인이 찾아와 세차게 문을 두드렸소. 크리스티아나는 두 여인에게도 '하나님의 이름으로 오시는 분이면 들어오십시오'라고 말했다오. 이 말에 여인들은 어리둥절한 표정을 지었소. 이런 종류의 언어는 어디서도 들어 본 적이 없었기 때문이오. 특히 그들은 크리스티아나 입에서 이런 말이 나오리라고는 상상도 못 했다오. 어쨌든 그들은 집 안으로 들어왔고, 이 선한 여인이 집을 떠날 준비를 한 것을 보았소.

그들은 크리스티아나에게 물었소. '아주머니, 이게 다 무슨 일이에요?'

크리스티아나는 두 사람 중 나이가 더 많은 겁쟁이 부인Timorous에게 답했소. '여행 준비를 하고 있습니다.' 이 겁쟁이 부인은 곤고의 산 The Hill Difficulty에서 크리스천에게 무시무시한 사자가 있으니 돌아가라고 권했던 남자의 딸이었소.

겁쟁이 ― 어디를 가시게요?

크리스티아나 ― (흐느끼며) 제 선한 남편을 따라가려고 합니다.

겁쟁이 ― 선한 이웃 님, 가지 않았으면 좋겠네요. 제발, 불쌍한 자식들을 생각해서 엄마답게 행동하세요. 함부로 행동하지 말하는 뜻이에요.

크리스티아나 ― 무슨 소리에요. 우리 애들은 다 저와 가려고 할 거예요. 여기 남으려는 애들은 한 명도 없어요.

겁쟁이 ― 도대체 어쩌다 그런 생각을 하게 되었는지 모르겠군요.

크리스티아나 ― 하지만 부인도 제가 아는 걸 알고 나면 분명 저와 같이 하고 싶으실 거예요.

겁쟁이 ― 도대체 뭘 알았기에 친구들을 다 버리고 어디에 붙어 있는지도 모르는 곳으로 가겠다는 건가요?

크리스티아나 ― 남편이 강을 건너 떠난 뒤로 저는 몹시 괴로웠답니다. 무엇보다도 남편이 그렇게 괴로워하며 고민하는데 못되게 굴었던 게 가장 마음에 걸려요. 게다가 그때의 남편처럼 지금은 제가 괴롭답니다. 순례를 떠나지 않고서는 이 고뇌를 해결할 길이 없어요. 간밤에 꿈에서 남편을 보았어요. 그때 제 영혼은 남편과 같이 있었어요! 남편은 그 나라의 왕과 함께 살고 있었답니다. 남편은 왕과 같은 식탁에 앉아서 밥을 먹고 있었어요. 그리고 남편은 불멸의 존재들과 친구가 되었고 좋은 집도 받았지요. 세상에서 가장 으리으리한 궁전도 그 집에 비하면 초가집처럼 보일 정도더군요.고후 5:1-4 왕자께서는 사람을 보내 저도 초대해 주셨습니다. 제가 오기만 하면 환대해 주시겠다고 약속하셨지요. 방금 전까지만 해도 그분의 사자께서 이곳에 계셨어요. 그분이 저를 초대하는 편지를 가져오셨어요.

크리스티아나는 편지를 뜯어 여인들에게 읽어 주었소.

크리스티아나 ⁄ 이걸 보고도 모르시겠어요?

겁쟁이 ⁄ 어휴, 그런 고생을 사서 하다니 당신이나 당신 남편이나 미친 거 아니에요? 당신 남편이 길을 떠나자마자 어떤 일을 당했는지 들어서 알 거 아니에요? 혹시 못 들었다면 함께 길을 나섰던 이웃 사람 고집 씨Obstinate와 변덕 씨Pliable에게 물어보세요. 슬기롭게도 그 두 양반은 그 길을 더 가지 않고 돌아왔잖아요. 당신 남편이 사자, 아볼루온Apollyon, 사망의 음침한 골짜기Valley of the Shadow of Death를 비롯해 온갖 시련을 만났다는 얘기를 얼마나 많이 들었는데요. 또, 당신 남편이 헛됨의 시장Vanity Fair에서 만난 위험도 빼놓을 수 없지요. 아니, 남자도 견디기 힘든 걸 연약한 여인의 몸으로 어떻게 견디려고 그래요? 게다가 당신의 뼈와 살인 불쌍한 자식들 생각 좀 해요. 혼자 몸이라면 또 몰라도, 당신 몸의 열매인 자식들을 생각한다면 그럼 안 되지요. 그냥 집에 있어요.

크리스티아나 ⁄ 저를 유혹하지 마세요. 지금 저는 큰 유익을 위해 대가를 치르려는 거니까요. 무섭다고 이 기회를 놓친다면 세상에 둘도 없는 바보일 거예요. 그리고 제가 가는 길에 만나리라 예상되는 온갖 어려움을 말씀하시는데, 그건 전혀 걱정거리가 아니에요. 오히려 어려움이 있다는 건 제가 옳은 길로 가고 있다는 증거일 뿐이지요. 고진감래라고 하지요. 힘든 일을 겪을수록 열매가 더 달콤해진답니다. 우리 집에 하나님의 이름으로 오신 것이 아닌 듯하니, 죄송하지만 이만 가 주셨으면 좋겠습니다. 더 이상 저를 흔들지 말아 주세요.

그러자 겁쟁이 부인이 크리스티아나를 욕하며 같이 온 여인에게 말했소. '이봐요, 긍휼 양Mercy, 저 여편네가 우리 조언을 무시하니 그냥 내버려 두고 갑시다. 우리와 함께 있기 싫다는데 뭐 하러 여기 있겠어요.'

하지만 긍휼은 아무 반응이 없었소. 그녀가 선뜻 겁쟁이 부인을 따라가기 싫은 데는 두 가지 이유가 있었다오. 크리스티아나를 위하는 마음이 그 첫 번째였소. 그녀는 속으로 생각했소. '내 이웃 님이 저리도 꼭 가야 한다면 다만 얼마간이라도 동행하면서 도와드려야겠어.' 두 번째는 자신의 영혼을 위하는 마음이 있어서였소. 크리스티아나가 한 말이 그녀의 마음을 사로잡았기 때문이오. 긍휼은 속으로 또 생각했소. '크리스티아나 아주머니와 좀 더 이야기를 해 봐야겠어. 아주머니 말에서 진리와 생명을 발견한다면 계속해서 같이 가야 하지 않을까?'

그리하여 긍휼은 겁쟁이 부인에게 이렇게 말했소.

긍휼 ⁄ 크리스티아나 아주머니가 이곳을 떠나려고 하니 우리가 이 화창한 아침에 아주머니와 조금이라도 동행하면서 도와드리는 것이 어떨까요?

단, 긍휼은 두 번째 이유는 말하지 않고 속에만 품고 있었소.

겁쟁이 ⁄ 가만 보아 하니 긍휼 양도 어리석은 짓을 하려는 것 같군요. 어서 정신 차리고 지혜롭게 굴어요. 위험 근처에 아예 안 가면 아무 일 없겠지만, 일단 위험에 빠지면 돌이킬 수 없는 법이에요.

결국 겁쟁이 부인은 자기 집으로 돌아갔고, 크리스티아나는 여행을 시작했다오. 겁쟁이 부인은 집에 오자마자 주변 이웃에 사는 박쥐눈 부인Bat's-eyes, 무분별 부인Inconsiderate, 경솔 부인Light-mind, 일자무식

부인Know-nothing을 죄다 불렀소. 그리고 이웃들을 만나자마자 크리스티아나가 여행을 떠나려 한다는 이야기를 꺼냈다오.

겁쟁이 ⁄ 이웃 여러분, 오늘 아침 딱히 할 일이 없어서 크리스티아나 집에 다녀왔거든요. 가서 예의 있게 문을 두드렸지요. 그랬더니 "하나님의 이름으로 오시는 분이면 들어오십시오"라고 하더군요. 어쨌든 아무 일이 없겠거니 생각하며 들어갔어요. 그런데 들어가 보니 마을을 떠날 채비를 하고 있는 거예요. 자식들까지 다 데리고 말이에요. 그래서 이유를 물었지요. 그랬더니 자기 남편처럼 순례를 떠날 생각이라지 뭐예요. 게다가 희한한 꿈까지 꾸었다나. 자기 남편이 있는 나라의 왕이 자기더러 오라고 초대장을 보냈다면서요.

일자무식 ⁄ 그래서요? 정말 그 여자가 갈 거 같은가요?

겁쟁이 ⁄ 말도 마요. 무슨 일이 있어도 갈 거예요. 나는 길에서 무시무시한 고초를 만날 수 있으니 집에 머물라고 딴에는 생각해서 말한 건데, 글쎄 그 여자는 오히려 그 어려움 때문에 길을 떠날 거라지 뭐예요. 고진감래라나 뭐라나. 고생할수록 열매가 더 달콤해진다고 합디다. 이러니 안 가겠어요?

박쥐눈 ⁄ 아이고, 참말 맹목적이고 어리석은 여자군요! 남편이 당한 고생을 알고도 정신 차리지 못하는 걸 보니. 남편도 다시 이곳에 온다면 쓸데없이 나서서 위험을 자초하는 대신 가만히 집에 틀어박혀 있을 게 분명할 텐데, 쯧쯧!

그러자 무분별 부인도 거들었소.

무분별 ╱ 그런 망상에 빠진 멍청이들은 이 마을에서 모조리 쫓아내야 해요! 제 발로 간다고 하니 나는 속이 다 후련하네요. 그 여자가 그런 망상을 품고서 계속 여기 산다면 누가 마음 편히 지내겠어요? 계속해서 우울한 얼굴로 그딴 소리나 하고 다니면 제정신인 사람들은 견딜래야 견딜 재간이 없지요. 그 여자가 가는 게 나는 전혀 아쉽지 않네요. 가게 내버려 두자고요. 그 집에는 좀 괜찮은 사람이 들어오게요. 그런 황당무계한 바보들이 사라지지 않으면 이곳은 결코 선한 마을이 될 수 없어요.

경솔 ╱ 자, 자, 이딴 이야기는 그만합시다. 난 어제 음탕 마담Madam Wanton네 가서 처녀 때처럼 신나게 놀았답니다. 거기에 누구누구 있었는지 아세요? 저와 육신사랑 부인Love-the-flesh 말고도 음란 씨Lechery와 외설 부인Filth을 비롯한 여러 명이 어울려 한바탕 음주가무를 즐겼지요. 역시 노래와 춤이 최고예요. 정말이지 음탕 마담은 뼈대 있는 집안 출신답게 기품이 넘치더군요. 음란 씨도 상당히 괜찮은 분이더라고요."

CHAPTER 2

초행길,
번번이 서툴지만
간절함으로

영적 공동체의 탄생

바알세불의
정원(과수원)

좁은 문

절망의 늪

해석자의 집

현명 선생의 이야기는 계속되었다.

"한편, 그즈음 크리스티아나는 아이들을 데리고 순례 길을 부지런히 걷고 있었고, 긍휼도 발맞춰 걷고 있었다오. 걸으면서 크리스티아나가 긍휼에게 말을 걸기 시작했소.

크리스티아나 ╱ 긍휼 양, 나와 조금이라도 같이해 주려고 이렇게 나서 줄지 몰랐어요. 정말 고마워요.

긍휼 ╱ 확실히 아주머니와 같이 가기로 마음을 정하면 마을로 다시는 돌아가지 않을 거예요.

크리스티아나 ╱ 긍휼 양, 우리 함께해요. 이 순례의 끝이 무엇인지 나는 잘 알고 있어요. 내 남편은 스페인 금광에 있는 모든 금으로도 살 수 없는 곳에 있답니다. 긍휼 양은 나처럼 초대받지 않았지만 그렇다고 절대 문전박대 당하지 않을 거예요. 나를 부르신 왕께서는 긍휼을 좋아하시는 분이거든요. 그리고 괜찮다면 내가 긍휼 양을 종으로 고용할게요. 그렇게 해서 같이 갑시다. 말이 종이지, 우리 사이에 다른 점은 별로 없어요. 그냥 나와 같이 가기만 하면 돼요.

궁휼 ─ 하지만 저까지 환영받을지는 모르는 거 아닌가요? 제가 환영받을 수 있다고 확실하게 말해 줄 분이 있다면 이 길이 아무리 힘들어도 망설이지 않고 갈 텐데…….

크리스티아나 ─ 사랑스러운 긍휼 양, 그럼 이렇게 합시다. 나와 함께 좁은 문까지 갑시다. 거기서 내가 긍휼 양에 관해서 물어볼게요. 혹시라도 속시원한 답을 듣지 못하면 집으로 돌아가도 좋아요. 그리고 지금까지 동행해 준 친절에도 꼭 보답할게요.

긍휼 ─ 그럼 저기까지는 같이 가요. 거기서 어떻게 할지 결정할게요. 천국의 왕께서 저를 좋게 보셔서 저도 그곳에 가게 해 주셨으면 좋겠어요.

크리스티아나는 긍휼이 자신과 동행했다는 사실뿐 아니라 그녀도 구원을 갈망하도록 설득했다는 사실에 크나큰 기쁨을 느꼈소. 그런데 그렇게 함께 걸어가다가 갑자기 긍휼이 흐느끼기 시작했다오. 크리스티아나가 어리둥절해 물었소.

크리스티아나 ─ 어머, 긍휼 양, 왜 울어요?

긍휼 ─ 아! 저 악한 마을에 남아 있는 불쌍한 친척들을 생각하면 도저히 울지 않을 수가 없네요. 그들을 지도해 줄 사람도, 다가올 일을 알려 줄 사람도 없으니 마음이 한없이 무겁기만

해요.

크리스티아나 ⁄ 원래 영혼을 불쌍히 여기는 마음이 많은 사람이 순례자가 되는 법이지요. 나의 선한 남편이 나를 떠날 때 그랬던 것처럼 긍휼 양도 친척과 친구들에게 안타까운 마음을 품고 있군요. 남편은 내가 귀를 닫고 아무 말도 안 듣자 몹시 슬퍼했답니다. 하지만 남편의 주님이자 우리의 주님이신 그분은 남편의 눈물 한 방울까지 병에 다 모으셨어요. 그래서 지금 나와 긍휼 양, 그리고 나의 귀한 아들들까지 그 열매를 거두고 있는 셈이지요. 긍휼 양이 흘린 눈물도 헛되이 사라지지 않을 거예요. 진리는 "눈물을 흘리며 씨를 뿌리는 자는 기쁨으로 거두리로다 울며 씨를 뿌리러 나가는 자는 반드시 기쁨으로 그 곡식 단을 가지고 돌아오리로다"라고 말하고 있거든요. 시 126:5-6

그러자 긍휼은 이렇게 노래했소.

지극히 복된 분께서 제 인도자가 되어 주소서.
그분의 복된 뜻대로
저를 그분의 문으로, 그분의 울타리 안으로,
그분의 거룩한 산으로 이끄소서.
저를 내버려 두지 마소서.
어떤 상황이 닥쳐도

제가 그분의 값없는 은혜와 거룩한 길에서
벗어나지 않게 하소서.
제가 두고 온
제 사람들을 모아 주소서.
주여, 그들이 주님 것이 되기를
온 마음을 다해 기도하게 하소서."

현명 선생은 크리스티아나가 절망의 늪Slough of Despond에서 발걸음을 멈추고 이렇게 말했다고 했다. "여기가 내 사랑하는 남편이 빠져서 죽을 뻔했던 곳일 거예요." 크리스티아나는 순례자들이 다니기 편하게 만들라는 왕의 명령에도 불구하고 이곳의 상태가 전보다 더 나빠졌다는 점도 알아차렸다.

내가 정말이냐고 묻자, 현명 선생이 말했다. "정말이다마다요. 왕의 일꾼인 척만 하는 자들이 많았기 때문입니다. 그자들은 말로는 왕의 대로를 보수한다면서 돌 대신 진흙과 똥만 잔뜩 쏟아부었소. 이 길을 보수하기는커녕 더 망쳐 놓은 거지요. 그래서 크리스티아나가 여기서 걸음을 멈춘 거랍니다. 하지만 그때 긍휼이 용기를 내더니 '자, 우리 한번 모험을 해 봐요. 조심해서 가면 괜찮을 거예요'라고 북돋아 주었다오. 때마침 그들은 디딤돌을 발견했고, 휘청거리긴 했지만 그 돌을 하나씩 천천히 밟으면서 무사히 이동할 수 있었소.

하지만 크리스티아나는 한두 번도 아니고 여러 번이나 늪에 빠질 뻔했는데, 늪 건너편까지 다 건너가자마자 이런 말이 들려오는 것 같

았다오. '주께서 하신 말씀이 반드시 이루어지리라고 믿은 그 여자에게 복이 있도다.'눅 1:45

다시 길을 가다가 긍휼이 크리스티아나에게 말했소.

긍휼 ⁄ 좁은 문에서 환대를 받는다는 확실한 소망이 있었다면 절망의 늪 따위는 전혀 두렵지 않았을 거예요.

크리스티아나 ⁄ 긍휼 양, 사람마다 다 각자의 고충이 있어요. 그리고 우리는 여행을 마칠 때까지 많은 어려움을 만나게 될 거예요. 우리가 얻을 큰 영광과 행복을 시기하는 무리가 많거든요. 그래서 이 길로 나아가다 보면 그런 세력들 때문에 고난을 겪을 수밖에 없답니다."

여기까지 이야기를 들려주고는 현명 선생은 나 혼자 꿈을 꾸게 놔두고서 떠났다.

이어지는 꿈속에서 나는 크리스티아나와 긍휼, 크리스티아나의 아들들이 좁은 문을 향해 가는 모습을 보았다. 마침내 문 앞에 도착한 그들은 안에 있는 사람을 어떻게 부를 것이며, 그 사람이 문을 열어 주면 뭐라고 말할지 간단히 의논했다. 결국은 가장 나이가 많은 크리스티아나가 문을 두드리고, 문을 열어 준 사람에게 말하기로 했다. 그리하여 크리스티아나는 전에 남편이 했던 것처럼 문을 두드리고 또 두드리기 시작했다.

하지만 문 안쪽에서는 개 짖는 소리밖에 들리지 않았다. 사나운 개가 짖어 대는 큰 소리에 여인들과 소년들은 잔뜩 겁에 질렸다. 덩치 큰 사나운 개가 달려들까 봐 그들은 한동안 문을 두드리지 못한 채 우두커니 서 있었다. 사시나무처럼 몸이 떨리고 점차 의기소침해졌다. 무엇을 어떻게 해야 할지 도무지 알 길이 없었다. 개가 무서워 문을 두드릴 수도, 그 문의 문지기가 돌아가는 자신들의 모습을 보고 마음이 상할 것이 두려워 돌아갈 수도 없었다. 결국 그들은 다시 문을 두드려 보기로 했다. 처음보다 훨씬 세게 두드리자 마침내 안에서 문지기의 목소리가 들렸다. "누구인가?" 그 순간 개 짖는 소리가 멈추고 문이 열렸다.

크리스티아나는 고개를 숙이며 말했다.

크리스티아나 ⁄ 이 천한 여종들이 감히 주님의 문을 두드렸습니다. 기분이 상하셨다면 부디 용서해 주십시오.

문지기 ⁄ 어디서 무슨 일로 온 것이냐?

크리스티아나 ⁄ 저희는 크리스천이 온 곳에서 왔습니다. 그와 같은 용무로 왔고요. 이 문을 통해 천국으로 가려고 왔으니 부디 들어가게 허락해 주십시오. 그리고 주님, 또 한 가지 말씀드리면 저는 지금 저 높은 곳에 있는 크리스천의 아내 크리스티아나라고 합니다.

문지기 ⁄ (깜짝 놀라며) 뭐라고? 얼마 전까지만 해도 그 삶을 혐오했던 사람이 순례자가 되었다고?

크리스티아나 ─ (고개를 숙이며) 그렇습니다. 여기 우리 아이들도 같이 왔습니다.

문지기는 크리스티아나의 손을 잡고 안으로 들이면서 말했다. "어린아이들을 용납하고 내게 오는 것을 금하지 말라." 이 말과 함께 그는 문을 닫았다. 그러고 나서 문 위에 있는 나팔수에게 기쁨의 외침과 나팔 소리로 크리스티아나를 환영하라고 지시했다. 나팔수가 복종하여 소리를 내자 흥겨운 선율이 그 공간을 가득 채웠다.눅 15:7

그러는 동안 가여운 긍휼은 버림받을지도 모른다는 두려움에 울며 문 밖에 서서 떨고 있었다. 하지만 크리스티아나는 자신과 아이들이 들어가도록 허락받을 때 이미 긍휼을 위한 중보를 시작했다.

크리스티아나 ─ 주님, 저와 같은 목적으로 순례 중인 동행인이 한 명 있는데 지금 밖에 서 있습니다. 남편의 왕께 초대받은 저와 달리 자신은 직접 초대받지 못해 심히 낙심해 있습니다.

이때 하루가 1년처럼 길게만 느껴진 긍휼은 조급해진 나머지 직접 문을 두드렸는데, 어찌나 세차게 두드렸던지 중보기도에 집중하던 크리스티아나가 깜짝 놀라 기도를 멈출 정도였다.

문지기 ─ 누구인가?

크리스티아나 ─ 제 친구입니다.

문지기가 문을 열고 내다보니 밖에서 쓰러져 있는 긍휼이 보였다. 문이 열리지 않을지 모른다는 공포가 극에 달해 그만 쓰러지고 만 것이다. 문지기는 긍휼의 손을 잡아 일으켰다. "처녀여, 일어나라."

긍휼 ⁄ 오, 주님, 제가 그만 정신을 잃었군요. 온몸에 힘이 하나도 없습니다.

문지기 ⁄ 이런 말이 있다. '내 영혼이 내 속에서 피곤할 때에 내가 여호와를 생각하였더니 내 기도가 주께 이르렀사오며 주의 성전에 미쳤나이다.'욘 2:7 두려워하지 말고 일어나라. 무슨 일로 왔느냐?

긍휼 ⁄ 제 친구 크리스티아나가 초대받은 곳으로 가려고 왔습니다. 다만 저는 초대를 못 받았어요. 크리스티아나는 왕께 초대받았지만 저는 크리스티아나의 권유로 따라나섰을 뿐입니다. 그래서 두렵습니다. 주제넘게 나선 것이 아닌가 싶어서요.

문지기 ⁄ 크리스티아나가 그대에게 이곳에 함께 오자고 했느냐?

긍휼 ⁄ 네, 맞습니다. 그래서 주님께서 보다시피 저도 여기에 있습니다. 혹시 은혜나 죄에 대한 용서가 조금이라도 남아 있다면 이 불쌍한 여종도 참여할 수 있게 해 주시기를 간절히 부탁드립니다.

문지기는 긍휼의 손을 잡고 친절하게 안으로 인도하며 말했다.

"어떤 연유로 왔든지 상관없이 나를 믿는 모든 자를 위해 내가 기도하느니라." 그러고 나서 그는 옆에 선 이들에게 말했다. "긍휼이 정신 차릴 수 있게 냄새 맡을 것을 갖다 주거라." 그러자 그들이 몰약 한 꾸러미를 가져왔고, 긍휼은 이내 회복되었다.

이렇게 주님(이제부터 문지기를 원래 호칭인 주님으로 부르겠다)은 길의 입구에서 크리스티아나와 그 아들들, 긍휼을 따뜻하게 맞아 주고 그들에게 말씀도 들려주셨다.

순례자 일행이 주님께 말했다. "주님, 저희의 죄를 회개하오니 용서해 주십시오. 그리고 어떻게 해야 할지 알려 주십시오."

그분이 말씀하셨다. "나는 너희 죄를 말과 행위로 용서한다. 말은 용서의 약속을 의미하고, 행위는 내가 용서를 이룬 방식을 의미한다. 입맞춤을 통해 내 입술에서 첫 번째 용서를 받고, 다른 용서는 나타나는 대로 받으라."아 1:2; 요 20:20

꿈속에서, 나는 그들이 그분께 선한 말씀을 많이 듣고 크게 기뻐하는 모습을 보았다. 또한 그분은 그들을 문 꼭대기로 데리고 가서 그들이 그분의 어떤 '행위'로 구원받았는지 보여 주고 순례 길을 걸어가는 내내 그 광경을 기억하며 힘을 얻으라고 말씀하셨다.

그분은 순례자 일행을 아래 정자에 두고서 잠시 어딘가를 가셨다. 정자에서 그들은 자기들끼리 대화를 시작했다. 먼저 크리스티아나가 입을 열었다.

크리스티아나 ⁄ 정말이지 여기까지 오게 되어서 얼마나 기쁜지 모르겠어요!

긍휼 ⁄ 아주머니도 그렇겠지만 저야말로 뛸 듯이 기뻐요.

크리스티아나 ⁄ 아까 문을 두드렸는데 아무도 대답하지 않았을 때는 우리의 노력이 다 헛수고라고 생각했지요. 그 무시무시한 개가 우리를 향해 무섭게 짖어 댈 때는 특히 더 그랬어요.

긍휼 ⁄ 하지만 저는 아주머니가 들어가고 저만 남았을 때가 가장 두려웠어요. "두 여자가 맷돌질을 하고 있으매 한 사람은 데려가고 한 사람은 버려 둠을 당할 것이니라"라는 말처럼 되는 줄 알았지요.마 24:41 "다 틀렸어! 다 틀렸다고!"라고 울부짖고 싶은 걸 참느라고 혼났어요. 그리고 더 이상 문 두드리기가 두려웠어요. 하지만 문 위에 쓰인 글씨를 보고 용기를 얻었지요. 그리고 다시 문을 두드리지 않으면 죽는다는 생각도 들었어요. 그래서 더 미친 듯이 두드렸지요. 하지만 그때 제 영은 생사를 오가느라 어떻게 두드렸는지 실은 하나도 기억이 안 나요.

크리스티아나 ⁄ 어떻게 두드렸는지 모르겠다고요? 필시 절박하게 두드렸을 거예요. 내가 깜짝 놀랄 만큼 소리가 컸으니까요. 내 평생 그렇게 세게 문을 두드리는 소리는 처음 들어 본 것 같아요. 마치 문을 부수고라도 들어와 천국을 얻으려는 사람 같더군요.

긍휼 ⁄ 그 상황이면 누구라도 그랬을 거예요. 아시다시피 문은 제 눈앞에서 닫혔고 제 근처에는 무시무시한 개가 짖고 있었으니 말이에요. 그러니 저처럼 간이 작은 사람은 온 힘을 다해 두드릴 수밖에요. 그런데 주님께서 제 무례함에 무슨 말씀이라도 있으셨나요? 혹시 저한테 화나셨을까요?

크리스티아나 ⁄ 주님은 긍휼 양이 내는 요란한 소리를 듣고 오히려 환하게 웃으셨답니다. 전혀 화난 기색 없이 오히려 기뻐하셨어요. 그런데 주님이 그런 개를 키우시는 건 좀 이상하네요. 이 사실을 미리 알았다면 여기까지 올 용기를 내지 못했을지도 몰라요. 하지만 이렇게 문안에 들어왔으니 정말 기뻐요.

긍휼 ⁄ 원하신다면 주님이 다시 오실 때 왜 그런 흉악한 개를 마당에서 기르시는지 제가 한번 여쭤볼게요. 주님이 기분 나빠하시지 말아야 할 텐데요.

크리스티나의 아들들도 말했다. "네, 여쭤봐 주세요! 그리고 그 개를 없애 달라는 말도 잊지 말고 해 주세요. 우리가 다시 밖에 나갈 때 그 개가 물까 봐 무서워요."

그분이 다시 오시자 긍휼은 땅에 바짝 엎드려 경배하며 말했다.

긍휼 ⁄ 주님, 제 입술의 열매로 드리는 찬양의 제사를 받아 주십시오.

주님 ⁄ 평안할지어다. 일어나라.

긍휼 ⁄ 주님, 제가 주님과 변론할 때에 주님은 의로우십니다. 하지만 제가 주님께 여쭙습니다.렘 12:1 어째서 그런 흉악한 개를 마당에서 키우시는 거지요? 저희 같은 여인과 아이들은 그런 개를 보자마자 겁에 질려 당장 문에서 도망칠 텐데요.

주님 ― 그 개의 주인은 따로 있다. 그 개는 그 사람의 마당 안에 갇혀 있고 내 순례자들은 단지 그 개가 짖어 대는 소리만 들을 뿐이다. 멀리 보이는 저 성에서 기르는 개인데도 그 소리가 이곳 담 앞까지 들리곤 하지. 그 개가 사납게 짖어 대는 소리로 악인에서 선인으로 변한 정직한 순례자들이 많이 놀라곤 했다.

그 개의 주인은 나나 내 사람들에게 전혀 선한 뜻을 품고 있지 않아. 그자는 순례자들이 내게 오는 것을 막으려고 하지. 어떻게든 순례자들이 겁을 먹고 이 문을 두드리지 못하게 만드는 게 그자의 목표다. 가끔 개가 풀려나 내가 사랑하는 이들을 물기도 했는데, 내가 지금은 참고 있다. 다만, 그 개가 흉악한 본성에 따라 내 순례자들을 해치지 못하도록 내가 적시에 구해 내고 있다.

하지만 내가 피로 산 자여, 너희가 이 사실을 미리 몰랐다고 해도 개를 두려워하지 말아야 한다. 집집마다 다니며 먹을거리를 구하는 걸인이 개가 짖고 무는 것이 겁나서 그 일을 포기하겠느냐? 그리고 다른 사람 마당에 갇혀 있는 한낱 개가 내게 오는 그 누구라도 막을 수 있겠느냐? 나는 그 개가 짖는 소리마저 순례자들에게 유익하도록 사용하고 있다. 순례자를 사자에게서 구해 내고 그들의 자녀를 개의 세력에서 구해 내는 이가 바로 나다.

긍휼 ⁄ 제 무지를 고백합니다. 제가 잘 모르고서 쓸데없는 말을 했어요. 주님은 모든 일을 완전하게 행하시는 줄로 믿습니다.

크리스티아나는 자신들의 여행에 관한 이야기를 하면서 앞으로 펼쳐질 길에 관해 물었다. 이에 그분은 그들을 먹이고 발을 씻겨 주신 다음, 전에 크리스천에게 해 주셨던 것처럼 그분의 발걸음을 따르는 길로 안내해 주셨다.

꿈에서 보니, 그들은 몹시 화창한 날씨 가운데 길을 걷고 있었다. 얼마 뒤 크리스티아나는 노래를 부르기 시작했다.

내가 순례자가 된 날이
복되도다.
내 마음을 움직이신 분도
복되도다.
영생을 찾아 나서기까지
오래 걸린 것이 사실이나
이제 최대한 빨리 달려가세.
늦게라도 가는 것이 아예 안 가는 것보다 낫기에.
우리의 눈물이 기쁨으로, 우리의 두려움이 믿음으로
변하는 것을 우리가 보네.

이렇게 시작했으니

유종의 미를 거두리라.

크리스티아나 일행이 가는 길을 따라 놓인 담 너머에는 앞서 말한 크게 짖어 대는 개의 주인의 정원 겸 과수원이 있었다. 그곳에서 자라는 과일나무의 가지가 더러 담 너머로 뻗어 나왔다. 과일의 달콤한 향기가 워낙 진하다 보니 이를 본 사람들이 따서 먹고 탈이 나는 일이 잦았다. 아니나 다를까, 크리스티아나의 아들들도 여느 아이들처럼 과일나무에 혹해서 가지에 달린 열매를 따서 먹기 시작했다. 엄마가 아무리 먹지 말라고 꾸짖어도 아이들은 멈출 줄 몰랐다.

크리스티아나가 말했다. "얘들아, 그럼 못써. 그 과일은 남의 거란다." 그때만 해도 그 과일이 원수의 것인 줄 크리스티아나는 몰랐다. 아마 알았다면 보나 마나 그녀는 심한 두려움에 빠졌을 것이 분명하다. 하지만 다행히 아무 일도 일어나지 않았고, 그들은 가던 길을 계속해서 걸어갔다.

길이 시작된 곳에서 화살을 쏘면 화살이 닿을 거리의 두 배쯤 갔을 때 몹시 꺼림칙하게 생긴 두 남자가 그들을 향해 부리나케 다가오는 게 보였다. 크리스티아나와 긍휼은 천으로 급히 얼굴을 가리고서 서둘러 길을 걸었다. 크리스티아나의 아들들도 앞에서 속도를 내 걸어갔다. 그럼에도 불구하고 어느 지점에선가 두 일행은 만나게 되었다. 두 남자는 와락 껴안을 것처럼 여인들에게 달려들었다.

크게 놀란 크리스티아나가 다급하게 저항했다. "다가오지 말고 조용히 갈 길 가세요!" 하지만 두 남자는 마치 귀먹은 사람처럼 크리스티아나의 말을 무시한 채 여인들에게 손을 대기 시작했다. 크게 화가 난 크리스티아나는 그들을 발로 차며 소리 질렀다. "썩 물러나라! 보다시피 우리는 순례자들이라 가진 돈이 없어! 주변의 도움으로 살아간다고!"

그러자 두 남자 중 한 명이 말했다. "돈을 빼앗을 생각은 추호도 없다. 단지 작은 부탁 하나만 들어주면 두 사람을 진짜 여자로 만들어 주지."

크리스티아나는 이 말의 음흉한 속내를 알아차리고 대답했다. "무슨 부탁이든 우리는 들어줄 생각이 없다. 지금 우리는 생사가 달린 일로 너무 바빠서 서둘러 가 봐야 해." 크리스티아나 일행은 그들을 따돌리려고 시도했지만 그들은 기어코 길을 막았다.

두 남자가 말했다. "목숨을 해칠 생각은 없다. 우리가 원하는 건 따로 있다."

크리스티아나 ⁄ 우리의 몸과 영혼을 차지하려는 거지? 그래서 이곳에 왔다는 걸 안다. 하지만 덫에 걸려 내세의 행복을 빼앗기느니 이 자리에서 죽어 버리고 말겠어!

그 말을 함과 동시에 크리스티아나와 긍휼은 동시에 비명을 질렀다. "사람 살려! 사람 살려!" 이렇게 함으로써 그들은 여인을 위해 마련된 율법의 보호를 받을 수 있게 되었다.신 22:23-27 하지만 두 남자는 포기하지 않고 또다시 여인들을 덮치려고 바짝 다가왔다. 이에 여인들은 다시 힘껏 소리를 질렀다.

앞서 말했듯이 그들은 좁은 문에서 그리 멀지 않은 곳에 있었기 때문에 그들의 비명 소리가 그 문 가까이 있던 사람들에게도 들렸다. 그 집에 있던 몇 사람이 크리스티아나의 목소리인 줄 알고 그녀를 구하기 위해 달려 나왔다. 그들이 가까이 와서 보니 여인들은 미친 듯이 팔다리를 휘저으며 반항하고 있었고 아이들은 서서 울고 있었다.

달려온 이들 중 한 명이 불량배들을 향해 고함을 질렀다. "대체 뭐 하는 짓들이냐? 우리 주님의 백성들로 하여금 죄를 짓게 만들려고 하느냐?" 그는 그렇게 호통치면서 불량배들을 잡으려고 했지만 놈들은 담을 넘어 그 큰 개 주인의 정원으로 도망을 치고 말았다. 거기서 그들은 개의 보호를 받았다. 이 구조원[Reliever]은 여인들에게 다가와 괜찮은지 물었다. 이에 여인들이 대답했다. "선생님의 왕자님께 진심으로 감사드려요. 저희는 괜찮아요. 다만 좀 놀랐을 뿐이에요. 이렇게 저희를 도와주러 오신 선생님께도 감사드려요. 선생님이 아니었다면 몹쓸 짓을 당할 뻔했어요."

구조원 ⁄ 그대들이 저 좁은 문을 통과해 환영받을 때 연약한 여인임에도 주님께 안내자를 요청하지 않는 것을 보고 무척 의아하게 생각했습니다. 주님이 안내자를 붙여 주셨다면 이런 고난과 위험은 당하지 않았을 텐데…….

크리스티아나 ⁄ 아, 제가 눈앞의 복에 취해 다가올 위험을 미처 헤아리지 못했어요. 게다가 왕의 궁전 코앞에 그런 못된 자들이 숨어 있을지 누가 상상이나 했겠어요? 주님께 미리 안내자를 요청했으면 좋았을 텐데……. 그런데 주님은 우리에게 안내자가 필요할 줄 아시면서도 왜 미리 보내 주시지 않았을까요?

구조원 ⸍ 요청하지 않은 것을 주는 건 당연한 일이 아닙니다. 그렇게 마구 주면 귀한 줄 모르거든요. 필요하다는 것을 느낄 때 받아야 그 가치를 제대로 알고 귀하게 사용하게 되지요. 아마 주님이 안내자를 그냥 붙여 주셨다면 그대들이 안내자를 요청하지 않은 것을 지금처럼 뼈저리게 안타까워하지는 않았을 겁니다. 그래서 모든 것이 합력하여 선을 이루고, 그대들로 하여금 더 신중하게 만든답니다.

크리스티아나 ⸍ 그럼 주님께 다시 가서 저희의 잘못을 고백하고 안내자를 부탁드려야 할까요?

구조원 ⸍ 그대가 잘못을 고백한 것은 제가 주님께 아뢰도록 하겠습니다. 그러니 다시 돌아갈 필요는 없습니다. 앞으로 그대들이 가게 될 모든 곳에는 부족함이 전혀 없기 때문입니다. 주님이 순례자들을 위해 마련하신 모든 숙소에는 그 어떤 위험도 대비할 수 있게끔 필요한 모든 것이 충분히 공급될 것입니다. 하지만 아까 말했듯이 순례자들이 그것들을 구해야 합니다.[겔 36:37] 구할 가치가 없는 것은 쓸데없는 것이니까요.

구조원은 그렇게 말하고서 자신의 처소로 돌아갔고 순례자들은 다시 길을 나섰다.

긍휼 ⁄ 갑작스러운 일에 정신이 어지럽네요! 저는 모든 위험에서 벗어나 더 이상 위험에 빠지지 않을 줄 알았어요.

크리스티아나 ⁄ 긍휼 양은 전혀 몰랐으니까 그나마 괜찮지만 내 잘못이 커요. 내가 길을 떠나기 전에 이런 위험을 알고도 대비하지 않았으니까요. 야단을 맞아도 할 말이 없어요.

긍휼 ⁄ 이런 일이 닥칠 줄 어떻게 미리 아셨어요? 궁금해요.

크리스티아나 ⁄ 집을 나서기 전 어느 날 밤이었어요. 침대에 누워 자다가 꿈을 꿨는데 꿈속에서 그자들과 똑같이 생긴 두 남자가 내 침대 머리맡에 서서 어떻게 하면 내 구원을 막을까 작당하는 것을 보았어요. 그때 내가 몹시 괴로워하던 중이었는데 그자들은 이렇게 말했지요. "이 여자를 어떻게 할까? 자나 깨나 자기를 불쌍히 여겨 달라고 저리 호소하니 말야. 이 여자가 계속 이렇게 고통스러워하다가는 우리가 그 남편을 잃었던 것처럼 이 여자도 잃어버리고 말겠어." 이런 꿈까지 꾸었으니 정신을 좀 더 똑바로 차리고 대비했어야 했는데 그러지를 못 했어요.

긍휼 ⁄ 그래도 이 사건 덕분에 우리가 얼마나 불완전한 존재인지 깨달을 수 있었어요. 우리 주님이 풍성한 은혜를 보여 주시려고 이런 상황을 허락하신 것 같아요. 주님은 우리가 청하지도 않았는데 기꺼이 은혜를 베풀어 주셨고, 우리를 강한 자들 손에서 구원해 주셨으니 말이에요.

"이 문을 통해 천국으로 가려고 왔으니
부디 들어가게 허락해 주십시오."

내가 순례자가 된 날이
복되도다.
내 마음을 움직이신 분도
복되도다.
우리의 눈물이 기쁨으로, 우리의 두려움이 믿음으로
변하는 것을 우리가 보네.

CHAPTER 3

땅만 보던 일상, 은혜에 눈뜰 때

세상의 채움과 그분의 채우심

해석자의 집

순례자들이 이야기를 나누며 걷다 보니 한 집이 나타났다. 그 집은 순례자들이 휴식을 취하도록 마련된 해석자의 집house of the Interpreter이었다. 이 집에 관해서는 크리스천의 순례 여정 때 자세히 소개했다. 집 문 앞에 이르니 안에서 시끌벅적한 대화 소리가 들렸다. 그들이 귀를 쫑긋하고 들어 보니 크리스티아나란 이름이 언급되는 것 같았다. 그럴 만도 한 것이, 크리스티아나와 그 아들들이 순례 길에 올랐다는 소식이 그들보다도 먼저 그곳에 당도했기 때문이다.

집 안에 있는 사람들은 크리스티아나가 얼마 전까지만 해도 순례라는 단어조차 듣기 싫어했던 사람이었음을 알았기에 더더욱 기뻐했다. 크리스티아나 일행은 한동안 가만히 서서, 집 안에 있는 선한 사람들이 문 밖에 크리스티아나가 서 있는 줄도 모른 채 그녀를 칭찬하는 소리를 듣고 있었다. 이윽고 크리스티아나는 앞서 좁은 문을 두드렸을 때처럼 문을 두드렸다. 그러자 순결Innocent이란 이름의 젊은 아가씨가 문을 열어 주었다.

순결 ⁄ 누구를 찾아오셨나요?

크리스티아나 ─ 이 집이 순례자들을 위해 특별히 마련된 곳이라고 해서 찾아왔습니다. 보다시피 날이 이미 어둑해져서 더 이상 길을 갈 수 없으니 이곳에 묵게 해 주시기를 부탁드려요.

순결 ─ 안에 계신 주인께 어떤 분이 오셨다고 말씀드릴까요?

크리스티아나 ─ 제 이름은 크리스티아나입니다. 몇 년 전에 이곳을 지나간 순례자의 아내지요. 이 아이들은 그의 네 아들이고요. 이 아가씨도 함께 순례하고 있습니다.

그 말에 순결은 즉시 달려가서 안에 있는 사람들에게 말했다. "지금 밖에 누가 왔는지 좀 보세요! 크리스티아나와 그 아이들과 길동무가 와 있답니다. 이곳에서 쉬고 싶대요." 사람들이 벌떡 일어나 주인에게 달려갔다. 소식을 들은 이 집의 주인 해석자Interpreter는 문으로 나와 크리스티아나를 보고는 놀라며 말했다. "그대가 정말로 선한 크리스천이 순례의 길을 시작할 때 두고 떠난 그 크리스티아나인가요?"

크리스티아나 ─ 네, 제가 바로 그 여인입니다. 마음이 완악해져서 남편의 괴로움을 무시하고 남편 홀로 떠나게 놔두었지요. 이 아이들은 남편의 네 아들입니다. 이 길밖에는 옳은 길이 없다는 걸 지금은 확실히 깨달았기에 이렇게 저도 왔습니다.

해석자 ─ "얘, 오늘 포도원에 가서 일해라"라고 말한 아버지와 싫다고 했다가 그 후에 뉘우치고 간 아들에 관한 말씀이 이렇게 이루어지는군요. 마 21:28, 30

크리스티아나 ⁄ 아멘. 정말 그렇게 되었으면 좋겠습니다. 그 말씀이 제게도 이루어져서 제가 마지막 날에 흠 없는 모습으로 그분 품에서 평안히 거하게 되기를 간절히 원합니다.

해석자 ⁄ 그런데 왜 거기 그렇게 서 있나요? 아브라함의 딸이여, 어서 들어오세요. 마침 그대에 관한 이야기를 하던 중이랍니다. 그대가 순례자가 되었다는 소식을 들었거든요. 얘들아, 어서 들어오렴. 아가씨도 어서 들어오세요.

그리하여 그들 모두는 집 안으로 들어갔다. 해석자는 그들에게 자리에 앉아 편히 쉬라고 권했다. 모두가 자리에 앉자 그 집에서 순례자들을 시중드는 사람들이 그들을 보러 방에 들어왔다. 크리스티아나가 순례자가 된 것을 확인한 사람들의 얼굴에 차례로 웃음꽃이 피어났다. 소년들을 보고는 얼굴을 어루만지며 반가워했고, 긍휼에게도 친절하게 대했다. 순례자 일행은 극진한 환대를 받았다.

아직 저녁 식사 준비가 안 된 터라 해석자는 순례자들을 중요한 방으로 데려가, 전에 크리스티아나의 남편인 크리스천이 보았던 그림들을 동일하게 보여 주었다. 쇠창살에 갇힌 자, 꿈에서 마지막 날을 본 자, 싸움 끝에 궁전 안으로 들어간 자, 기름 붓는 예수의 초상화를 비롯해서 크리스천에게 더없이 유익했던 것들을 전부 보여 주었다.

크리스티아나 일행이 이 그림들을 어느 정도 이해하고 나자 해석자는 또 다른 한 방으로 안내했다. 그곳에는 손에 퇴비용 갈퀴를 들고 땅바닥만 쳐다보는 한 남자 그림이 있었다. 남자의 머리 위에는 생명의 면류관을 들고서 갈퀴 대신 면류관을 받으라고 권하는 사람이 서 있었다. 하지만 남자는 거들떠보지도 않고 짚과 잔가지와 수북이 쌓인 바닥의 먼지들만 긁어모으고 있었다.

그 모습을 본 크리스티아나가 말했다. "이 그림이 무엇을 이야기 하려는지 알 것 같아요. 저 남자는 이 세상 사람을 의미하는 거지요?"

해석자 ⁄ 정확히 보셨습니다. 저 퇴비용 갈퀴는 육체의 정욕으로 가득한 그의 마음을 보여 주고 있지요. 저 남자는 위에서 생명의 면류관을 들고서 부르는 사람의 말을 들은 체 만 체하고 짚과 잔가지와 바닥에 쌓인 먼지에만 정신이 팔려 있습니다. 이처럼 천국을 허상으로 여기고 이생의 것들만 진짜로 여기는 이들이 있습니다. 그리고 저 남자는 오직 아래만 쳐다보고 있습니다. 세상 것들에 사로잡히면 그 마음이 하나님에게서 멀어진다는 뜻이지요.

크리스티아나 ⁄ 아, 저를 이 퇴비용 갈퀴에서 구해 주소서!

해석자 ⁄ 그 기도는 하도 방치되어 거의 녹이 슬 지경이랍니다. "나를 부하게 마옵소서"잠 30:8라는 기도는 한 번 있을까 말까 할 정도로 듣기 힘든 기도랍니다. 지금은 짚과 잔가지와 먼지가 대부분의 사람이 귀하게 여겨 찾는 것들이지요.

그 말에 긍휼과 크리스티아나는 눈물을 흘리며 말했다. "안타깝지만, 정말 그래요!"

해석자는 크리스티아나 일행에게 그림들을 보여 주고 난 뒤 그들을 그 집에서 가장 좋은 방으로 데려갔다. 그곳은 화려함 자체였다. 해석자는 그들에게 방 안을 둘러보며 유익할 만한 것이 있는지 찾아보라고 했다. 하지만 아무리 둘러봐도 벽에 붙은 몹시 큼지막한 거미 한 마리 말고는 딱히 볼 게 하나도 없었다. 당연히 모두가 그 거미에는 눈길조차 주지 않았다.

긍휼 ⁄ 선생님, 아무것도 보이지 않습니다.

크리스티아나는 여전히 아무런 말도 하지 않았다.

해석자 ⁄ 자, 다시 한 번 보세요.
긍휼 ⁄ (다시 둘러보며) 벽에 거미줄을 쳐서 매달려 있는 흉측한 거미 한 마리 말고는 없습니다.
해석자 ⁄ 이 드넓은 방에 거미가 한 마리밖에 없나요?

순간, 크리스티아나의 눈가에 눈물이 고였다. 그녀는 이해가 빠른 여인이었다. "맞습니다. 이 방에는 거미가 훨씬 더 많습니다. 그 거미들의 독은 저 거미보다 훨씬 더 파괴적이지요." 해석자는 흡족한 표정으로 크리스티아나를 보았다. "제대로 짚었군요." 그 말에 긍휼은 얼굴이 빨개졌고 크리스티아나의 아들들은 얼굴을 가렸다. 이제 그들도 수수께끼를 이해하기 시작했기 때문이다.

해석자 ─ 저 거미는 "손에 잡힐 만하여도 왕궁에" 있습니다.잠 30:28 이 말씀은 그대들이 아무리 죄의 독으로 가득할지라도 믿음의 손으로 저 위에 있는 왕의 집에서 가장 좋은 방에 거할 수 있다는 뜻이지요.

크리스티아나 ─ 뜻은 대충 알겠는데 온전히 알아차리지는 못했습니다. 다만 우리 역시 거미와 다를 게 없을지도 모른다고 짐작만 했지요. 아무리 우리가 화려하고 훌륭한 집에 있어도 거미처럼 추악한 생물일 수 있겠다는 생각이 들었어요. 하지만 독을 품은 이 꺼림칙한 생물에게서 믿음으로 사는 법을 배워야 할 줄이야. 그 부분은 미처 깨닫지 못했습니다. 저희가 보니 거미는 자신의 손으로 거미줄을 쳐서 이 집에서 가장 좋은 방을 차지해 살고 있었습니다. 이렇듯 하나님은 그 무엇도 헛되이 짓지 않으셨지요.

크리스티아나 일행은 모두 기뻐하면서도 눈가에 촉촉한 이슬이 맺혔다. 그들은 서로를 바라보더니 해석자 앞에 절을 했다.

그다음 해석자는 그들을 암탉과 병아리들이 있는 다른 방으로 데려가 잠시 관찰하라고 권했다. 병아리 한 마리가 물을 마시려고 물통 가까이 가더니 물을 한 모금 마실 때마다 고개를 들어 하늘을 쳐다보는 게 아닌가. 해석자는 병아리를 가리키며 말했다. "이 작은 병아리가 어떻게 하는지 잘 보세요. 긍휼이 어디서 오는지 알고 위를 쳐다보면서 긍휼을 받는 법을 배우세요. 자, 다시 자세히 살펴볼까요?"

암탉은 유심히 들여다보니 암탉은 네 가지 방식으로 병아리들을 대했다. 첫째, 종일 일반적인 방식으로 새끼들을 불렀다. 둘째, 가끔씩 특별한 방식으로 새끼들을 불렀다. 셋째, 새끼들을 날개 아래로 모으기 위해 불렀다.[마 23:37] 넷째, 큰 소리로 울었다.

해석자 ― 이 암탉을 그대들의 왕으로, 이 병아리들을 그분의 순종적인 백성들로 생각해 보세요. 암탉과 마찬가지로 왕께서도 그분의 백성들을 대하시는 방법이 있습니다. 일반적인 부름으로는 아무것도 주시지 않지요. 그런데 특별한 부르심으로는 항상 뭔가를 주십니다. 왕께서는 백성들을 날개 아래로 모으기 위해 부르기도 하십니다. 그리고 적이 다가오는 것을 보시면 큰 소리로 경고하시지요. 그대들을 이 방으로 안내한 것은 이 광경이 여성들이 이해하기 쉽기 때문입니다.

크리스티아나 ― 선생님, 다른 것도 좀 더 보여 주세요.

그러자 해석자는 도살업자가 양을 죽이는 도살장으로 그들을 데려갔다. 양은 조용히 자기의 죽음을 순순히 받아들이는 듯한 모습이었다. 해석자는 그 모습을 가리키며 말했다.

해석자 ― 이 양에게서 억울한 일을 당해도 불평하지 않고 고난받는 법을 배워야 합니다. 보세요. 얼마나 조용히 죽음을 받아들이는지. 가죽이 귀에까지 벗겨지는데도 전혀 반항하지 않잖아요. 그대들의 왕은 그대들을 양이라 부르십니다.

이후 해석자는 그들을 온갖 꽃으로 가득한 자신의 정원으로 안내했다. “이 모든 것이 보이시나요?”

크리스티아나 ∕ 네, 보입니다.

해석자 ∕ 보다시피 저 꽃들은 크기며 질감과 색깔, 냄새까지 모든 면에서 천차만별입니다. 어떤 꽃은 다른 꽃들보다 더 아름답지요. 하지만 그와 상관없이 정원사가 각자 심어 놓은 곳에 제각각 피어서는 서로 다투지 않고 잘 지낸답니다.

해석자는 이번에는 밀과 옥수수 씨앗을 뿌려 놓은 밭으로 그들을 데리고 갔다. 그들이 보니 열매는 다 잘려 나가고 줄기만 남아 있었다.

해석자 ∕ 이 밭을 갈고 씨앗을 뿌리고 퇴비를 주었는데 보다시피 이 모양입니다. 이 작물들을 어떻게 해야 할까요?

크리스티아나 ∕ 일부는 불태우고 나머지는 퇴비로 써야 하지 않을까요?

해석자 ∕ 알다시피 우리가 원하는 건 열매입니다. 열매를 맺지 못하면 불에 태워지거나 발에 밟힐 수밖에 없어요. 이런 상황에 처하지 않게 조심하십시오.

그들은 집으로 돌아오다가 입에 몸집이 큰 거미를 물고 있는 작은 울새를 발견했다. 해석자는 그 새를 가리키며 말했다. "여기 좀 보세요." 긍휼은 새를 보면서 고개를 갸웃했고, 크리스티아나는 이렇게 말했다. "작고 예쁜 데다가 다른 어떤 새보다도 사람과 어울리기 좋아하는 울새가 저러고 있으니 끔찍하네요. 빵 부스러기처럼 흉하지 않은 먹이를 먹고 사는 줄 알았는데, 갑자기 보기도 싫어지네요."

해석자 ― 이 울새는 일부 신앙고백자들을 잘 보여 주는 상징적인 비유입니다. 그들은 겉으로 보기에는 이 울새처럼 음색이며 색깔과 자태가 아주 그럴듯하지요. 또한 그들은 다른 진실한 신앙고백자들을 더없이 사랑하는 것처럼 보인답니다. 선한 사람의 부스러기를 먹고 사는 것처럼 진실한 신앙고백자들과 어울리기 좋아하는 것처럼 보여요. 게다가 주님께 선택받은 경건한 사람들의 집에 자주 드나드는 척합니다. 하지만 혼자 있을 때는 거미를 잡아 꿀꺽 삼키는 이 울새와 같지요. 그들은 순식간에 식단을 바꿔 악과 죄를 물처럼 들이킵니다.

이렇게 한참을 돌아보다가 다시 집에 들어왔는데, 아직 저녁 식사 준비가 덜 되어 있었다. 이에 크리스티아나는 해석자에게 식사가 준비될 동안 또 다른 유익한 것을 보여 주거나 알려 주십사 부탁했다. 그러자 해석자는 이렇게 말했다.

해석자 ― 암퇘지는 살이 찔수록 진흙탕을 더 좋아합니다. 황소는 살이 찔수록 더 신나게 도살자에게 가지요. 마찬가지로 정욕이 왕성한 건강한 사람일수록 더 악에 빠지기 쉽답니다.

여인들은 깔끔하고 예쁘게 꾸미기를 좋아하지만 하나님 보시기에 값진 것이 진정으로 아름다운 것입니다.

하루나 이틀 밤을 경계하는 것보다 일 년 내내 밤을 지새는 것이 더 어렵지요. 마찬가지로, 처음 신앙을 고백하는 것보다 그 고백을 끝까지 지키는 것이 더 어렵답니다.

모든 선장은 거센 풍랑이 닥치면 배 안에서 가장 가치가 적은 것을 기꺼이 바다로 던질 것입니다. 가장 좋은 것부터 먼저 던지는 사람은 아마 없겠지요? 하나님을 두려워하지 않는 사람이야 그렇게 하겠지만요.

배는 구멍 하나만 뚫려도 침몰해 버려요. 마찬가지로 지은 죄 한 가지가 죄인을 완전히 멸망시킨답니다.

친구를 잊어버리면 배은망덕한 짓이지만 구주를 잊어버리면 자신에게 무자비한 짓을 하는 것입니다.

죄 가운데 거하며 거기서 행복을 찾는 것은 잡초 씨앗을 뿌려 두고 헛간에 밀이나 보리를 가득 채우겠다는 꿈이나 다름없어요.

인생을 잘 살려면 자신의 마지막 날을 늘 기억하며 살아야 합니다.

수군거림과 변덕은 죄가 세상에 있다는 증거랍니다.

하나님이 가벼이 보시는 세상을 사람들은 그토록 가치 있게 여기지요. 그러니 하나님이 권하시는 천국은 얼마나 더 가치가 있겠습니까?
우리는 고생으로 가득한 이 땅에서의 삶도 버리기를 이토록 싫어하는데 하물며 저 위의 삶은 어떠하겠습니까?
모두가 인간의 덕을 치켜세우는데, 하나님의 선하심에 감격하는 사람은 도대체 어디에 있나요?
우리는 〔계속 허기진 채로〕 식사 자리에 앉아 있지 않습니다. 먹고서는 자리를 떠나지요. 예수 그리스도 안에는 온 세상의 필요를 채우고도 남을 만한 훨씬 큰 가치와 의로움이 있기 때문입니다.

해석자는 말을 마치고 나서 순례자들을 다시 정원으로 데려갔다. 정원에서 나무 속은 다 썩었지만 계속해서 자라서 잎사귀를 내는 나무 한 그루를 보여 주었다. 긍휼이 물었다. "이건 무슨 뜻인가요?" 해석자가 설명하기 시작했다. "겉은 멀쩡해 보여도 속은 썩을 대로 썩은 이 나무는 하나님의 동산에서 살며 입으로는 그분을 칭송하지만 그분을 위해서 실제로는 아무것도 하지 않는 자들을 상징적으로 보여 줍니다. 그런 자들이 우리 주변에 많아요. 그들의 잎사귀는 멀쩡하지만 그들의 마음은 마귀의 부싯깃〔부시를 칠 때 불똥이 박혀서 불이 붙도록 부싯돌에 대는 물건〕 용도 말고는 아무짝에도 쓸모가 없답니다."

드디어 저녁 식탁이 다 차려졌고, 한자리에 앉았다. 한 사람이 식사

기도를 하고 나서 다 같이 식사를 시작했다. 해석자는 식사 시간에 아름다운 음악으로 손님들의 귀를 즐겁게 해 주곤 했다. 곧이어 악사들이 연주를 시작했고, 목소리가 더없이 훌륭한 이가 노래를 불렀다.

주님만 의지하네,
나를 먹이시는 분.
내게 부족함 없으니
무엇이 더 필요하리요!

노래와 연주가 끝나자 해석자는 크리스티아나에게 어떻게 해서 순례자의 삶을 시작하게 되었는지 물었다.

크리스티아나 ─ 일단, 남편을 잃었다는 생각에 몹시도 슬펐답니다. 하지만 그것은 어디까지나 인간적인 애정에서 비롯한 슬픔이었지요. 그러다 남편의 고난과 순례에 관한 생각을 하게 되었습니다. 또한 제가 남편에게 못되게 굴었던 것이 생각났지요. 순간, 죄책감이 한꺼번에 몰려와 빠져 죽으려고 연못 앞에까지 갔어요. 하지만 다행히 꿈에서 남편이 잘 지내는 모습을 보았고, 남편이 사는 나라의 왕께 초대의 편지를 받게 되었답니다. 꿈과 편지가 제 마음을 움직여 이 길에 나서게 되었습니다.

해석자 ─ 길을 떠나기 전에 반대하는 사람들이 있지는 않았나요?

크리스티아나 ─ 맞아요. 제 이웃인 겁쟁이 부인이 반대했지요. 부인은 제 남편의 순례 길에서 제 남편에게 무시무시한 사자가 있으니 집으로 돌아가라고 권했던 남자의 딸이랍니다. 겁쟁이 부인 역시 무모한 모험이라며 저를 조롱했어요. 또한 제 남편이 길에서 만난 온갖 고난과 어려움을 들먹이면서 저를 포기시키려고 했답니다. 그래도 저는 절대 넘어가지 않았어요. 하지만 흉악하게 생긴 두 남자에 관한 꿈은 정말 신경이 쓰이더라고요. 그자들은 제가 순례를 포기하게 만들려고 작당한 것 같았답니다. 지금도 꿈이 생생해요. 오죽하면 만나는 사람마다 내게 해를 끼쳐 순례를 포기하게 만들려는 사람일까 싶어 경계하게 된다니까요. 선생님께만 드리는 말씀이지만, 이곳과 좁은 문 사이에서 저희는 둘 다 살려 달라고 외칠 만큼 심한 공격을 받았답니다. 그때 저희를 공격한 두 남자는 꿈에서 본 자들과 똑같았어요.

해석자 ─ 시작도 좋지만 나중은 훨씬 더 좋을 겁니다. (긍휼을 보며) 그대는 어떻게 해서 이곳에 오게 되었나요?

긍휼은 얼굴을 붉히며 긴장한 듯 잠시 말을 잇지 못했다.

해석자 ─ 두려워하지 말고 믿음을 가지세요. 자, 속에 있는 말을 해 보세요.

긍휼 ─ 네, 선생님, 제 경험이 부족해서 감히 입을 열지 못했습니다.

경험 부족으로 이 순례를 끝까지 완주하지 못할까 봐 두렵기도 하답니다. 저는 크리스티아나 아주머니처럼 말씀드릴 환상이나 꿈도 없어요. 가까운 사람의 조언을 거부한 적도, 그 일로 애통해한 적도 없고요.

해석자 ― 그럼 어떻게 이 순례 길에 나설 마음을 먹게 된 건가요?

긍휼 ― 이 아주머니가 마을을 떠나려고 짐을 쌀 때 우연히 다른 분과 함께 아주머니를 만나러 갔어요. 문을 두드리고 안으로 들어갔지요. 분주하게 움직이는 아주머니를 보고 뭘 하시냐고 여쭈었어요. 아주머니는 남편 분께로 오라는 초대를 받으셨다고 하더군요. 또한 꿈속에서 불멸의 존재들과 신비한 곳에서 함께 살며 왕관을 쓰고 비파를 켜는 남편 분을 보셨답니다. 남편 분은 왕자님의 식탁에서 먹고 마시며 그곳으로 불러 주신 왕자님을 찬양하셨다고 해요. 그런데 아주머니에게 이런 이야기를 듣는데 마음이 뜨거워지지 뭐예요. 그때 속으로 생각했지요. 이게 다 사실이라면, 그리고 아주머니가 허락해 준다면, 아버지와 어머니와 내가 태어난 이 고향을 떠나 아주머니와 함께 가겠다고 말이에요.

그래서 아주머니에게 더 자세히 이야기해 달라고 말하고, 함께 가도 되겠냐고 부탁했어요. 우리 마을은 곧 파괴될 것이고 그곳에 더 있다가는 모두 죽고 말 것을 깨달았기 때문이에요. 하지만 한편으론 마음이 무거웠어요. 고향을 떠날 마음이 없어서가 아니라 일가친척을 다 두고 떠난다는 것이요. 그래도 마음을 단단히 먹고서 여기까지 이렇게 왔습니다. 할 수만 있다면 크리스티아나 아주머니와 함께 아주머니의 남편 분과 그분의 왕이 계신 곳까지 갈 겁니다.

해석자 ─ 진리를 믿고서 여기까지 왔으니 정말 잘하셨어요. 그대는 나오미와 나오미의 하나님을 사랑해서 부모와 고향을 떠나 전에 알지 못했던 사람들과 함께 살았던 룻과도 같네요. 말씀으로 당신을 축복합니다. "여호와께서 네가 행한 일에 보답하시기를 원하며 이스라엘의 하나님 여호와께서 그의 날개 아래에 보호를 받으러 온 네게 온전한 상 주시기를 원하노라."룻 2:12

어느덧 저녁 식사가 끝났다. 잠자리가 준비되었고, 여인들과 아들들은 각자의 방으로 따로 들어갔다. 침대에 누운 긍휼은 너무 기뻐서 잠을 이룰 수 없었다. 거부당할지 모른다는 두려움이 저만치 사라졌기 때문이다. 긍휼은 자리에 누운 채 자신에게 그런 은혜를 베풀어 주신 하나님을 찬양했다.

아침 해가 뜨자 크리스티아나 일행은 일어나 떠날 채비를 했다. 해석자는 그들에게 잠시만 기다리라고 했다. "순서대로 차근차근 해야 합니다." 그러더니 처음 그들에게 문을 열어 주었던 순결에게 말했다. "이분들을 정원으로 데리고 가서 여행 중에 묻은 때를 깨끗이 씻어 내게 하라." 이에 순결은 그들을 정원 욕실로 데려가, 순례 중인 여인들을 씻겨 보내는 일이 자기 주인이 행하던 관례여서 이렇게 해야 한다고 말했다. 크리스티아나는 아이들까지 데려가 씻기고 나왔다. 씻고 나니 훨씬 말끔해졌을 뿐 아니라, 더 생기가 돌고 관절 마디마디마다 튼튼해졌다. 목욕하기 전보다 더 아름다워 보였다.

순례자들이 정원에서 목욕을 마치고 돌아오자 해석자는 그들을 보고 "훤한 달처럼 아름답네요!"라며 감탄했다. 그러고 나서 그는 자신의 욕실에서 목욕했다는 증거로 찍어 주는 인장을 가져오게 했다. 인장이 오자 그는 순례자들이 가는 곳마다 사람들이 알 수 있도록 그들 이마에 인장을 찍어 주었다. 이 인장은 이스라엘 자손들이 애굽에서 나오던 중 경험한 유월절을 담아낸 표였고, 크리스티아나 일행의 미간(이마)에 찍혔다.[출 13:8-10] 이 표시는 일종의 장식처럼 순례자들의 얼굴을 훨씬 아름답고 돋보이게 해 주었다. 이 표시는 위엄마저 느껴져서 마치 천사처럼 보이게도 했다.

해석자는 이 여인들을 시중드는 순결에게 다시 말했다. "옷방에 가서 이분들을 위한 옷을 가져오너라." 순결은 가서 흰옷을 가져와 해석자 앞에 내려놓았고, 해석자는 크리스티아나 일행에게 그 옷을 입으라고 했다. 깨끗하고 새하얀 세마포 옷이었다. 이 옷을 입은 여인들은 서로를 보고 깜짝 놀랐다. 이 옷을 입으면 자신이 발하는 영광은 보지 못하고 서로의 영광만 볼 수 있었기에 서로를 자기보다 더 좋게 말하기 시작했다. 한 사람이 "당신이 저보다 더 아름다워요!"라고 말하면 다른 사람이 "아니에요, 당신이 저보다 아름다워요!"라고 말하는 식이었다. 소년들도 자신들의 달라진 모습을 보고 놀라워했다.

해석자는 담대Great-heart라는 종을 불러 검과 투구와 방패를 가져오게 했다. "내 딸들에게 이것들을 차고 쓰고 들게 하라. 그리고 그들을 다음번 쉴 장소인 아름다움Beautiful 저택으로 안내하라."

담대가 자신의 무기를 들고 앞장서자 해석자는 크리스티아나 일행에게 인사했다. "순례 길을 끝까지 마치기를!" 그 집의 가솔들도 그들에게 연신 축복을 빌어 주었다. 그리하여 크리스티아나 일행은 노래를 부르며 다시 순례 길을 나섰다.

이 장소는 우리의 두 번째 기착지였네.
수 세대에 걸쳐 이어져 온 선한 것들,
다른 사람들에게는 숨겨진 것들을
이곳에서 보고 들었다네.
퇴비를 갈퀴로 모으는 남자,
암탉과 병아리도
교훈을 주었네.
그 교훈대로 행하려네.
도살자, 정원, 밭, 울새와 녀석의 먹이,
썩은 나무도 위엄 있는 논리로
내 마음을 움직였네.
깨어 기도하고
신실해지기 위해 노력하도록
매일 나의 십자가를 지고
경외함으로 주님을 섬기게 했네.

CHAPTER 4

때로는
숨이 차도,
그분 피에 힘입어

왕의 대로를 걷는다는 것

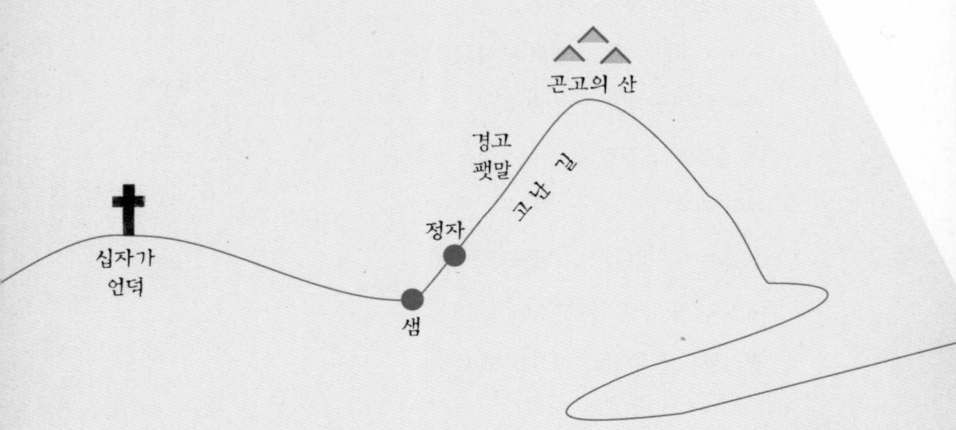

꿈에서 보니, 순례의 여정을 계속하는 크리스티아나 일행을 담대가 맨 앞에서 이끌고 있었다. 이윽고 그들은 크리스천 등에 있던 짐이 떨어져 나가 무덤 속으로 굴러떨어졌던 십자가 언덕에 이르렀다. 그들은 그곳에서 멈춰 하나님을 찬양했다. 크리스티아나가 말했다. "좁은 문에서 주님께 들었던 말이 생각나네요. 말과 행위로 용서를 받아야 한다는 말이요. 말은 약속이고 행위는 용서를 이룬 방식이라고 하셨지요. 약속은 뭔지 알 것 같은데, 행위로 용서를 받는다거나 행위로 용서를 이룬 방식이라는 말뜻은 도통 모르겠어요. 담대 님은 아실 것 같은데요. 괜찮으시면 설명해 주실 수 있을까요?"

담대 ⁄ 행위로 받는 용서는 용서를 필요로 하는 다른 사람을 위해서 누군가가 대신 이룬 용서를 말합니다. 용서받는 사람이 용서를 이루는 것이 아니라, 다른 사람이 이미 이룬 용서를 상대방에게 준다는 뜻이지요. 더 자세히 설명해 보겠습니다. 부인과 긍휼 양 그리고 이 아이들이 받은 용서는 다른 사람, 그러니까 그대들을 그 좁은 문 안으로 환대해 주신 분이 이루신 용서입니다. 그분은 이 용서를 이중의 방식으로 이루셨습니다. 먼저 그대들을 덮어 줄 의를 행하셨고, 또한 그대들을 깨끗하게 씻겨 받아 주시기 위해 피를 흘리셨지요.

크리스티아나 ╱ 하지만 그분이 자신의 의를 우리에게 주시면 그분 자신은 어떻게 하지요?

담대 ╱ 그분은 당신이나 그분 자신이 필요로 하는 것보다 훨씬 많은 의를 지니고 계십니다.

크리스티아나 ╱ 좀 더 알기 쉽게 설명해 주실 수 있을까요?

담대 ╱ 얼마든지요. 하지만 먼저 한 가지를 아셔야 합니다. 이제부터 우리가 이야기하려는 분은 견줄 만한 상대가 없으신 분입니다. 그분은 한 분 안에 두 가지 본성을 지니고 계십니다. 이 둘은 쉽게 구분이 가능하지만 분리하기는 불가능해요. 이 두 본성은 각기 의를 포함하고 있습니다. 각각의 의는 각각의 본성의 본질입니다. 그래서 각 본성에서 의를 분리하면 그 본성은 소멸되어 버리지요. 우리 인간은 이러한 의를 갖고 있지 못해요. 그래서 우리가 의로워져서 의에 따라 살기 위해서는 이 의를 입어야만 합니다.

또한 이 두 본성이 하나로 합쳐질 때 발생하는 의가 있습니다. 이것은 인성과 구별되는 신성만의 의도 아니요, 신성과 구별되는 인성만의 의도 아닙니다. 이것은 두 본성의 연합 가운데 존재하는 의인데, 그분이 하나님이 맡기신 중보의 직분을 감당하기 위해 반드시 필요한 의입니다.

그분이 첫 번째 의를 나눠 주신다면 그것은 신성을 나눠 주시는 것이고, 두 번째 의를 나눠 주신다면 그것은 순전한 인성을 나눠 주시는 겁니다. 또 세 번째 의를 나눠 주신다면 중보의 직분을 가능하게 하는 온전함을 나눠 주시는 겁니다. 그분은 이 세 번째 의, 즉 또 하나의 의를 갖고 계시며, 이 의는 계시된 뜻에 순종하는 행위에서 비롯한 의입니다. 그분은 이 의를 죄인들에게 입혀 주시지요. 그렇게 해서 그들의 죄가 덮어집니다. 그분은 이렇게 말씀하십니다. "한 사람이 순종하지 아니함으로 많은 사람이 죄인 된 것같이 한 사람이 순종하심으로 많은 사람이 의인이 되리라."롬 5:19

크리스티아나 ⁄ 그렇다면 처음의 두 가지 의는 저희에게는 쓸모가 없는 건가요?

담대 ⁄ 그렇습니다. 그 의들은 그분의 본성과 직분에 본질적인 것이라서 다른 사람에게 전해 줄 수 없습니다. 하지만 이 두 의로 인해 '인간을 의롭게 하는 의'가 가능해지지요. 신성에서 나오는 의는 그분의 순종에 효력을 부여하고, 인성에서 나오는 의는 죄인을 의롭게 하기 위한 그분의 순종을 가능하게 해 줍니다. 그리고 이 두 본성의 연합에서 비롯하는 의는 그분의 직분에 권위를 부여해 그 의가 의도된 역사를 행하게 합니다.

그런데 그리스도께는 하나님의 의가 필요하지 않습니다. 그분은 그 의가 없이도 하나님이시기 때문입니다. 그리스도께는 인간의 의도 필요하지 않습니다. 그분은 그 의가 없이도 완전한 인간이시기 때문입니다. 그리스도께는 하나님, 인간, 신인(新人)으로서의 의가 필요하지 않습니다. 그래서 그 의를 나누어 주실 수 있지요. '인간을 의롭게 하는 의'는 그분 자신에게는 전혀 필요하지 않습니다. 그래서 그분은 그 의를 나눠 주십니다. 그래서 그 의를 "의의 선물"이라 부르지요.롬 5:17

우리 주 예수 그리스도께서는 스스로 율법 아래로 들어가셨기 때문에 '율법에 따라' 이 의를 나눠 주셔야 합니다. 율법은 의롭게 행할 뿐 아니라 사랑을 행할 것을 요구하기 때문입니다. 그래서 그분은 두 벌의 외투가 있다면 율법에 따라 외투가 없는 이에게 한 벌을 주셔야 합니다. 우리 주님은 진정 외투를 두 벌 갖고 계십니다. 하나는 그분 자신을 위한 것, 다른 하나는 남는 것이지요. 그래서 그분은 남은 하나를 옷 없는 이들에게 값없이 주십니다. 이렇듯 크리스티아나와 긍휼을 비롯해서 여기 있는 모든 사람은 다른 분의 행위 혹은 사역을 통해 용서를 받습니다. 그대들의 주 예수 그리스도께서 그 역사를 행하셨고, 그 역사로 이루신 것을 그분은 헐벗은 이를 만나자마자 바로 주셨습니다.

하지만 행위로 용서가 이루어지려면 하나님께서 값으로 치러야 할 것이 있습니다. 그리고 우리의 죄를 덮기 위해 준비해야 할 것도 있습니다. 죄로 인해 우리는 의로운 율법의 공정한 저주 아래에 놓이게 되었습니다. 이제 우리는 우리가 지은 죄의 값인 구속을 통해 이 저주로부터 의로워져야 합니다.[롬 4:25] 그 값은 그대들의 주께서 흘리신 피입니다. 그분은 그대들의 죄로 인해 그대들 대신 죽으셨습니다. 그렇게 그분은 자신의 피로 그대들의 죗값을 치르셨고 그대들의 오염되고 일그러진 영혼을 의로 덮으셨습니다. 그래서 하나님은 세상을 심판하러 오실 때 그대들을 벌하시지 않고 그냥 넘어가실 겁니다.[갈 3:13]

크리스티아나 ⁄ 실로 놀랍네요. 우리가 말과 행위로 용서를 받는다는 것이 무슨 의미인지 이제 알겠습니다. 긍휼 양, 우리 이 진리를 마음에 새기도록 해요. 늘 기억하자고요. 그런데 담대님, 제 남편이 어깨에 지고 있던 짐이 떨어져 나가 기쁨에 겨워 세 번 펄쩍펄쩍 뛴 것이 이 때문인가요?

담대 ⁄ 그렇습니다. 이 진리에 대한 믿음이 그 어떤 것으로도 끊을 수 없는 그 줄을 끊어 냈지요. 남편 분이 십자가까지 힘겹게 짐을 지고 와야 했던 것은 이런 믿음의 힘을 똑똑히 알기 위해서였습니다.

크리스티아나 ⁄ 그럴 것 같았어요. 전에도 마음이 가볍고 즐거웠지만 지금은 열 배는 더 가볍고 즐거우니까요. 제가 아직은 잘 모르지만 세상에서 가장 무거운 짐을 진 사람이라도 저처럼 이곳에 와서 보고 믿는다면 마음이 즐거워질 것 같아요.

담대 ― 십자가를 보고 십자가를 생각하면 옥죄던 짐을 벗어 던져 편안해질 뿐 아니라 우리 안에 깊은 사랑이 솟아난답니다. 용서의 약속만이 아니라, 그분이 구속해 주신 방법을 한 번이라도 생각해 보면 감격하지 않을 사람이 어디 있겠습니까?

크리스티아나 ― 정말 그래요. 그분이 저를 위해 피를 흘리신 것을 생각하면 가슴이 무너집니다. 오, 사랑의 주님! 오, 복되신 분이시여! 저는 주님의 것입니다. 당신이 저를 사셨으니 저는 전적으로 당신 것입니다. 제 가치보다 만 배나 되는 값을 치르셨으니 어찌나 감사한지요. 제 남편이 하염없이 눈물을 흘리고 그토록 열심히 순례 길을 걸어간 것이 하나도 이상하지 않아요. 남편은 저도 같이 주님께로 가기를 원했지요. 하지만 저는 얼마나 악했던지! 결국 남편 혼자 가게 했어요.

아, 긍휼 양의 부모님도 여기로 같이 오셨으면 좋았을 텐데요! 겁쟁이 부인도요! 음탕 마담도 함께 왔으면 얼마나 좋을까요? 진심으로요. 분명 그들의 마음도 변했을 거예요. 겁쟁이 부인이 아무리 겁이 많고 음탕 마담이 아무리 정욕이 강해도 여기까지 온 이상 선한 순례자이기를 거부하며 다시 집으로 가려고 하지는 않을 텐데…….

담대 ― 부인이 지금은 뜨거운 애정으로 말하고 있지만 항상 그럴 수 있을 것 같나요? 게다가 이런 마음은 아무한테나 주어지는 것이 아닙니다. 심지어 예수님이 피 흘리시는 모습을 본 사람조차 다 이런 마음을 품은 건 아니었지요. 예수님의 심장에서 피가 쏟아져 나와 땅바닥에 뚝뚝 떨어지는 모습을 곁에서 보고도 슬퍼하기는커녕 조롱한 사람도 있었어요. 그들은 그분의 제자가 되기는커녕 그분을 향한 마음을 더욱 굳게 닫아 버렸지요. 그대들이 이 마음을 품은 것은 해석자 님이 말해 준 것을 깊이 묵상함으로 특별한 감동을 얻었기 때문입니다. 암탉이 일반적인 부름으로는 새끼들에게 먹이를 주지 않는다고 했던 말을 기억하나요? 그대들은 특별한 은혜를 입은 것입니다.

꿈에서 보니, 계속해서 걷던 그들은 이제 단순Simple과 나태Sloth와 거만Presumption이 누워서 자던 산기슭에 이르렀다. 그곳은 전에 크리스천이 순례 중에 지나갔던 곳이었다. 그런데 지금 보니 그들은 길 건너편에 쇠사슬에 목매 달아 죽어 있는 게 아닌가.

긍휼은 안내자인 담대에게 이렇게 말했다. "저들은 누구인가요? 왜 저렇게 죽어 있지요?"

담대 ⁄ 저 세 사람은 질이 아주 나쁜 자들이지요. 스스로도 순례자가 될 생각이 전혀 없을뿐더러 순례자들을 방해하던 자들입니다. 게으르고 어리석었어요. 자기만 그럴 뿐 아니라, 게으르고 어리석게 살아도 괜찮다는 말로 다른 사람들을 현혹하던 자들입니다. 크리스천이 이곳을 지날 때는 자고 있었는데 지금 와서 보니 죽어 있군요.

긍휼 ─ 저런 자들의 말에 넘어간 사람이 있을까요?

담대 ─ 그럼요. 여러 사람이 저들의 꾐에 넘어가 순례를 포기했지요. 느림보Slow-pace라는 자가 그러했습니다. 숨찬Short-wind, 냉담No-heart, 정욕행Linger-afterlust, 잠꾸러기Sleepy-head 그리고 굼뜸Dull이라는 젊은 처자도 발길을 돌리고 말았지요. 게다가 그들은 그대들의 주님이 종들을 심하게 부려 먹는 주인이라고 험담하며 다녔답니다. 그들은 임마누엘의 땅Immanuel's Land에 관해서도 소문만큼 좋은 건 아니라는 헛소문을 퍼뜨렸지요. 그자들은 그분의 종 가운데 가장 훌륭한 이들을 가리켜 오지랖이 넓어서 툭하면 참견하며 문제를 일으키는 자들이라고 비방했습니다. 심지어 하나님이 주시는 양식을 찌꺼기라고 부르고, 그분의 자녀들이 누리는 평안을 망상이라고 깎아내렸지요. 순례자들의 여행과 수고는 다 쓸데없는 짓이라고 매도하고요.

크리스티아나 ─ 저런, 그런 자들이라면 안타까워할 필요가 없겠군요. 벌을 받아 마땅한 자들이에요. 다른 사람들이 보고 경각심을 가질 수 있도록 저들이 큰 길가에 목매 달려 있는 것이 차라리 잘된 것 같아요. 그런데 저들의 죄상을 철판이나 황동 판에 새겨서 저들이 죄를 지은 이곳에 두어도 좋지 않을까요? 그렇게 하면 다른 악인들에게 확실한 경고가 될 테니까요.

담대 ─ 아, 이미 그런 게 있어요. 벽 쪽으로 조금만 가까이 가면 볼 수 있답니다.

긍휼 ─ 다행이네요. 아무튼, 저들을 여기 매달린 채로 놔두는 것이 좋겠어요. 저들의 범죄가 영원토록 기억되며 저들의 이름이 썩도록 말이에요. 저들이 우리가 오기 전에 목매 달린 것이 정말 다행인 것 같아요. 그렇지 않으면 저희 같은 연약한 여인들에게 무슨 짓을 저질렀을지 모르잖아요.

긍휼은 그렇게 말하고 나서 기쁨에 겨워 노래를 불렀다.

너희 세 사람은 거기 매달려서
진리에 맞서 공모하는 모든 이들에게
경고의 표시가 될지라.
그리고 나중에 오는 이들이
순례자의 친구가 아닌 자라면
이러한 최후를 두려워하게 하라.
내 영혼아, 거룩함과 대립하는
저런 자들을 조심하라.

이윽고 순례자 일행은 곤고의 산에 이르렀다. 그 산에서 순례자의 좋은 친구 담대는 크리스천이 그곳을 지날 때 어떤 일이 있었는지 말해 줄 기회라 여겼다. 그래서 그는 먼저 그들을 샘으로 데려갔다. "자, 이곳은 크리스천이 이 산을 오르기 전에 물을 마셨던 샘입니다. 그때는 물이 깨끗하고 상태가 좋았지만, 지금은 순례자들이 목을 축이는 것을 싫어하는 자들이 발을 담가 더러워졌습니다."겔 34:18 그러자 긍휼이 이렇게 말했다. "저들은 왜 그렇게 순례자들을 시기할까요?" 이에 담대가 대답했다. "상관없어요. 물을 떠서 선한 그릇에 넣으면 흙이 바닥으로 가라앉아 물이 저절로 깨끗해진답니다." 크리스티아나 일행이 담대의 말대로 물을 떠서는 도자기 그릇에 넣고 잠시 기다리자 흙이 바닥으로 가라앉았다. 그리하여 그들은 다시 깨끗해진 물로 목을 축였다.

다음으로 담대는 그들에게 산기슭에 난 두 길을 보여 주었다. 그 갈림길은 허례Formalist와 위선Hypocrisy이 잘못 들어섰던 길이다. 담대는 이렇게 말했다. "이 곁길들은 위험한 길입니다. 크리스천이 이곳을 지나간 뒤에 허례와 위선 두 사람이 이 두 길로 갔다가 잘못되고 말았지요. 하지만 보다시피 그 뒤로 쇠사슬과 말뚝과 도랑으로 이 길들을 막아 놓았습니다. 그럼에도 힘들다고 이 산으로 올라가지 않고 굳이 이 두 길로 가려는 사람들이 있어요."

크리스티아나 ⁄ "사악한 자의 길은 험하니라"라는 말씀이 있지요. 그런 길로 가다가는 목이 부러질 게 분명해요.잠 13:15

담대 ⁄ 그래도 그들은 굳이 그 길로 간답니다. 왕의 종들이 그들을 보고서 그 길은 잘못된 길이니 위험하다고 아무리 경고해도 그들은 빈정거릴 뿐……. "네가 여호와의 이름으로 우리에게 하는 말을 우리가 듣지 아니하고 우리 입에서 낸 모든 말을 반드시 실행"할 것이라며 코웃음을 치곤 하지요.[렘 44:16-17]

크리스티아나 ⁄ 그들은 게을러서 고생을 좋아하지 않아요. 그래서 힘들게 산을 올라가려고 하지 않지요. 결국 그들에게는 "게으른 자의 길은 가시 울타리 같으나"라는 말씀이 이루어지겠지요.[잠 15:19] 맞아요. 그들은 이 산으로 올라가 천국까지 이어지는 이 길로 가기보다는 덫이 놓인 길을 선택할 거예요.

그들은 다시 걷기 시작했고, 곧 산을 향해 올라갔다. 하지만 산꼭대기에 이르기도 전에 크리스티아나는 숨을 거칠게 몰아쉬며 말했다. "정말 심장이 터질 것처럼 오르기 힘든 산이네요. 내 영혼보다 편안함을 더 좋아한 나머지 편한 길로 가려는 이들이 많은 것도 무리는 아니에요." 그 말에 긍휼도 한 술 더 떠 말했다. "아무래도 좀 앉아서 쉬어야겠어요." 급기야 크리스티아나의 막내아들도 힘들어 울기 시작했다. "여기 앉아 있지 말고 조금만 더 힘을 내세요. 바로 저 위가 왕자님의 정자랍니다." 담대는 그렇게 말하면서 막내아들의 손을 잡아 끌어당겼다.

드디어 정자에 이르자 모두가 찌는 더위에 지쳐서 어서 어디 앉아서 쉬고만 싶었다. 이때 긍휼이 말했다. "수고한 사람들에게 쉼이 얼마나 달콤한지 몰라요![마 11:28] 순례자들에게 이렇게 쉴 곳을 제공해 주시니 왕자님은 정말 좋은 분이세요! 전에 이 정자에 관한 이야기를 많이 들어 봤지만 직접 본 적은 처음이에요. 그런데 여기서 자지 않도록 조심해야 할 것 같아요. 가여운 크리스천 아저씨가 여기서 호되게 당했다고 들었거든요."

담대가 소년들에게 말했다. "얘들아, 어서 오렴? 좀 어떠니? 순례는 할 만하니?" 그러자 막내가 대답했다. "아저씨, 심장이 터질 것처럼 힘들어요. 하지만 제가 힘들 때 제 손을 잡고 끌어 주셔서 고마워요. 참, 엄마가 했던 말이 생각나요. 천국으로 가는 길은 사다리를 오르는 것 같고, 지옥으로 가는 길은 산을 내려가는 것 같다고 하셨거든요. 저는 언덕을 내려가 지옥에서 죽는 것보다 사다리를 타고 올라가 생명을 얻겠어요."

이번에는 긍휼이 입을 열었다. "하지만 산을 내려가는 길이 쉽다는 속담이 있지." 그러자 막내아들 야고보는 고개를 내저었다. "제가 볼 때는 산을 내려가는 일이 가장 어려운 날이 올 것 같아요."

"훌륭한 아이구나. 대답 한번 정말 잘했다!" 담대의 칭찬에 긍휼은 흐뭇한 미소를 지었지만 야고보는 부끄러운지 얼굴이 빨개졌다.

크리스티아나 ⁄ 자, 앉아서 고생한 다리를 좀 쉬게 할 동안 이것 좀 맛보세요. 길을 나설 때 해석자 선생님이 석류를 좀 주셨거든요. 꿀과 음료수도요.

긍휼 ⁄ 해석자 선생님이 아주머니를 한쪽으로 부르시기에 뭔가를 주신 줄 알았어요.

크리스티아나 ⁄ 네, 맞아요. 하지만 긍휼 양, 처음 고향을 떠나올 때 제가 말했던 것처럼 내가 가진 좋은 것들을 다 긍휼 양과 함께 나눌 거예요. 긍휼 양이 기꺼이 내 길벗이 되어 주었으니 당연하지요.

크리스티아나가 먹을 것을 주자 긍휼과 아들들이 맛있게 먹기 시작했다. 크리스티아나는 담대에게도 음식을 권했다. "담대 님도 좀 드세요."

하지만 담대는 이를 사양했다. "그대들은 순례를 계속해야 하고, 저는 곧 돌아갑니다. 그대들이 먹어야 길을 가는 데 큰 도움이 될 겁니다. 저는 집에서 그런 음식을 매일같이 먹는답니다."

크리스티아나 일행이 음식을 먹고 마시며 한참 담소를 나누고 나니 담대가 말했다. "날이 저물어 가니 이제 슬슬 출발하는 게 좋겠습니다." 이에 그들이 앉은 자리에서 일어났고 이제는 아들들이 성큼성큼 앞장서 나갔다. 그런데 크리스티아나가 그만 음료수 챙겨 오는 것을 깜박했다. 그녀가 음료수 병을 가져오게 아이들을 보내자 긍휼이 말했다. "여기는 뭔가를 잊어버리는 곳인가 봐요. 여기서 크리스천 아저씨는 두루마리를 잃어버렸고, 크리스티아나 아주머니는 음료수 병을 놓고 왔으니까 말이에요. 담대 선생님, 자꾸 잃어버리는 이유가 뭘까요?"

담대는 이렇게 답해 주었다. "그 원인은 잠이나 건망증 때문이랍니다. 어떤 이들은 깨어 있어야 할 때 잠을 자고, 어떤 이들은 기억해야 할 때 잊어버리지요. 이것이 정자에서 순례자들이 물건을 자주 잃어버리는 이유랍니다. 순례자들은 정신을 바짝 차려야 합니다. 가장 기쁜 순간에 받은 것을 분명히 기억해야 합니다. 그렇지 않으면 기쁨은 눈물로, 화창한 날은 흐린 날로 끝나고 버리고 말아요. 이곳에서 크리스천에게 벌어진 일이 그 증거랍니다."

그들은 불신Mistrust과 겁쟁이Timorous가 크리스천을 만나 무시무시한 사자가 있으니 돌아가라고 말했던 곳에 이르렀다. 거기서 그들은 단을 발견했다. 단 앞에 넓은 팻말이 길 쪽을 향해 꽂혀 있었다. 그 팻말에는 시 한 편이 적혀 있고, 그 아래에는 팻말이 그곳에 세워진 이유가 설명되어 있었다. 시는 다음과 같았다.

이 단을 본 자는
마음과 혀를 주의하라.
그렇지 않으면 오래전의 누군가처럼
순식간에 이곳으로 끌려올 테니.

시 아래에는 이렇게 쓰여 있었다.

이 단은 두려움이나 불신에 빠져 더 이상 순례를 하지 않으려는 자들을 벌하기 위해 마련되었다. 특히 불신과 겁쟁이는 크리스천의 순례를 방해한 죄로 뜨거운 인두에 혀를 지지는 벌을 받았다.

궁휼이 이 시를 읽고서 말했다. "사랑받는 분의 이런 말씀과 아주 비슷하군요. '너 속이는 혀여 무엇을 네게 주며 무엇을 네게 더할꼬 장사의 날카로운 화살과 로뎀 나무 숯불이리로다.'시 120:3-4"

그들은 계속해서 길을 걸어 사자들이 보이는 곳까지 이르렀다. 담대는 워낙 강한 사람이라 사자를 두려워하지 않았지만 앞장서 가던 아들들은 사자가 무서운 나머지 재빨리 어른들 뒤로 숨었다. 그 모습에 담대는 빙그레 웃으며 말했다. "애들아, 위험해 보이지 않을 때는 씩씩하게 앞장서 가더니 사자가 보이자마자 뒤로 도망가는구나."

담대는 사자들을 물리치고 갈 길을 내기 위해 검을 뽑아 휘둘렀다. 그때 사자 편에 서서 담대와 맞서려는 것처럼 보이는 자가 나타났다. 그자는 순례자들의 안내자에게 말했다. "무슨 일로 여길 왔는가?" 무자비Grim라는 이름의 남자는 순례자들을 숱하게 죽였다고 해서 피비린내 나는 남자Bloody-man로도 불렸다. 그는 거인족이었다.

담대 ⁄ 이 여인들과 아이들은 순례 중인데 이 길을 지나야만 하오. 당신과 사자들이 아무리 길을 막아도 반드시 가야만 한다오.

무자비 ⁄ 이 길은 저들이 갈 길이 아니다. 그러니 이곳으로 갈 수 없다. 내가 사자들을 도와 너희들의 갈 길을 막을 것이다.

사실, 이 사자들이 워낙 포악하고 놈을 돕는 자의 기세가 워낙 무시무시하다 보니 최근에는 이 길을 지나간 사람이 거의 없었다. 오죽

하면 길이 온통 풀로 뒤덮여 있을 정도였다.

크리스티아나 ─ 지금껏 이 길로 간 사람이 한 사람도 없고 지나가는 나그네가 샛길로 다녔다 해도 내가 "일어나 이스라엘의 어머니"가 된 이상, 더 이상 그럴 수는 없어요. 삿 5:7

그러자 무자비는 사자들 옆에 서서 있는 대로 욕설을 퍼부었다. 그는 이 길로는 절대 갈 수 없으니 썩 꺼지라고 윽박질렀다. 하지만 담대는 아랑곳하지 않고 무자비에게 달려가 검으로 있는 힘껏 세차게 내리쳤다. 그 바람에 무자비는 한 걸음 물러설 수밖에 없었다.

무자비 ─ 내 땅에서 나를 죽이려고 드느냐?

담대 ─ 우리가 서 있는 이곳은 왕의 대로다. 그런데 네놈이 멋대로 이 길에 사자들을 놔두지 않았느냐? 비록 보기에 연약한 여인과 아이들일지라도 사자를 물리치고 꿋꿋이 이 길로 갈 것이다!

그 말을 마침과 동시에 담대가 다시 검을 무섭게 휘두르자 무자비는 그 자리에서 털썩 주저앉더니 그대로 무릎을 꿇고 말았다. 이 일격으로 무자비의 투구가 박살났고, 다음번 공격으로 그의 팔 하나가 잘려 나갔다. 거인은 크게 울부짖었다. 지옥 같은 포효에 여인들은 흠칫 놀랐다. 하지만 이내 거인은 땅바닥에 대자로 뻗었고, 크리스티아나 일행은 그제야 안심했다.

사슬에 묶여 있는 사자들은 풀어 줄 사람이 없으면 아무에게도 해를 끼칠 수 없었다. 사자들을 풀어 줄 늙은 무자비도 죽었기에 담대는 순례자들에게 말했다. “이제 안심하고 저를 따라오세요. 사자들은 이제 그대들의 털끝 하나도 건드리지 못할 겁니다.” 그리하여 크리스티아나 일행은 앞으로 나아가 발걸음을 옮겼다. 여인들은 사자 옆을 지날 때만큼은 여전히 벌벌 떨었고 아들들도 죽을 것처럼 두려워했지만 결국 모두는 무사히 그곳을 지나갔다.

CHAPTER 5

영혼을 치료하는 말씀의 힘

내가 무얼 믿는지 알고 기억할 것

산마루

아름다움
저택

걷다 보니 저만치 문지기의 오두막이 눈에 들어왔다. 보아하니 금방 도착할 만한 거리였다. 하지만 밤에 다니기에는 위험한 지역인지라 순례자 일행은 발걸음을 좀 더 재촉했다. 오두막 문 앞에 도착해서 담대가 문을 두드리자 안에서 문지기가 소리쳐 말했다. "게 누구요?" 담대가 "나요"라고 말하자마자 목소리를 알아 들은 문지기가 서둘러 내려왔다. 담대가 전에도 자주 순례자들을 이곳까지 안내해서 왔기 때문이다. 문을 연 문지기가 앞에 서 있는 담대를 보고 말했다. 여인들은 담대 뒤에 서 있어서 아직 보지 못했다.

문지기 ⁄ 담대 씨, 이렇게 늦은 밤에 어쩐 일인가요?

담대 ⁄ 순례자 몇 분을 모시고 왔습니다. 제 주인께서 이분들을 여기서 묵게 하라고 하셨어요. 이 부근에는 훨씬 전에 도착했는데 사자들을 돕는 거인과 싸우느라 시간이 꽤 지체됐지요. 길고 지루한 전투 끝에 놈을 베고서 순례자들을 이곳까지 무사히 모시고 왔습니다.

문지기 ⁄ 그럼 담대 씨도 하룻밤 묵을 건가요?

담대 ⁄ 아니요, 저는 오늘 밤 주인께로 돌아가야 합니다.

크리스티아나 ⁄ 담대 님, 저희를 두고 이제 가야 하신다니 참으로 아쉽습니다. 저희를 정성껏 사랑으로 대해 주시고 또 그토록 용감하게 싸워 주셨는데요. 진심 어린 조언도 해 주시고……. 그 은혜 평생 잊지 못할 거예요.

긍휼 ⁄ 끝까지 저희와 함께해 주시면 정말 좋을 텐데요. 저희 같은 연약한 여인들이 보호해 줄 안내자도 없이 이 험난하기 짝이 없는 길을 어떻게 갈 수 있을까요?

이번에는 막내아들인 야고보가 나섰다. "아저씨! 저희와 함께 가 주세요. 저희는 정말 약하고 이 길은 너무 위험해요. 도와주세요, 아저씨!"

담대 ⁄ 저는 제 주인의 명령을 따를 뿐이에요. 그분이 끝까지 그대들을 안내하라고 명령하신다면 기꺼이 그대들을 보살필 겁니다. 하지만 그대들은 애초부터 실수했어요. 제 주인께서 여기까지 그대들을 안내해 주라고 명하셨을 때 끝까지 안내해 달라고 간청했다면 그분은 분명 그 청을 들어주셨을 텐데……. 하지만 이제는 어쩔 수 없이 돌아가야만 합니다. 선한 크리스티아나 부인, 긍휼 양 그리고 용감한 아이들아, 그럼 안녕히!

담대가 해석자의 집으로 돌아가고 나자 파수꾼Watchful이라는 이름의 문지기가 크리스티아나의 고향과 친척에 관해 물었다. 이에 크리스티아나는 이렇게 대답했다. "저는 멸망의 도시에서 왔습니다. 제 남편은 죽었고, 남편의 이름은 순례자 크리스천이에요."

그러자 파수꾼은 깜짝 놀랐다. "이럴 수가! 크리스천이 그대의 남편이라고요?"

"네, 이 아이들은 크리스천의 자식들이지요. 그리고 이 여인은 저와 같은 마을에 살던 아가씨랍니다."

크리스티아나의 말에 문지기는 순례자가 올 때마다 울리는 종소리가 크게 울려 퍼지도록 힘껏 종을 쳤다. 그 소리를 들은 겸손한 마음Humble-mind이라는 아가씨가 문 앞으로 나오자, 문지기가 말했다. "안에 들어가서 크리스천의 아내인 크리스티아나와 그 아들들이 순례길에 올라 여기에 왔다고 알리시오."

겸손한 마음이 문지기의 말대로 안에 들어가 모두에게 이 사실을 알리니, 안에서 기쁨의 탄성이 터져 나왔다.

크리스티아나는 아직 문 앞에 서 있었기 때문에 사람들이 우르르 문지기에게로 달려왔다. 그중에서 가장 근엄해 보이는 사람이 크리스티아나에게 말했다. "크리스티아나, 어서 들어오세요. 그 선한 남자의 아내인 복된 여인이여, 일행 분과 함께 어서 들어오세요."

크리스티아나가 문안으로 들어가고, 그 아들들과 길동무도 따라 들어갔다. 그들은 아주 널찍한 방으로 안내되었다. 일행이 자리에 앉자 아름다움 저택 주인이 찾아와서는 손님들을 반갑게 맞았다. 이어서 들어온 사람들이 손님들이 누구인지 알고서는 서로 입맞춤을 하며 환호했다. "하나님의 은혜를 담은 그릇들이여, 진심으로 환영합니다. 그대들은 우리의 친구입니다."

순례자들은 고단한 여행을 하고, 마음 졸이며 싸움을 지켜보고, 무시무시한 사자에 시달리느라 몸과 마음이 꽤 지쳐 있었다. 게다가 늦은 시각이어서 되도록 빨리 쉬고 싶었다. 하지만 그 집 식구들은 "그러지 말고, 먼저 요기부터 좀 하시지요"라며 식사를 권했다. 이미 어린양 고기와 거기에 맞는 소스를 준비해 놓은 상태였다.출 12:38; 요 1:29 저녁 식사를 끝낸 크리스티아나 일행은 시편으로 기도까지 마쳤다. 이제는 정말 쉬고 싶은 마음이었다.

크리스티아나는 그 집 식구들에게 말했다. "외람된 말씀이지만 괜찮다면 제 남편이 묵었던 방에서 묵을 수 있을까요?"

그들은 순례자 일행을 그 방으로 안내했고, 그제야 순례자들은 마음 편히 누웠다. 크리스티아나와 긍휼은 방에 누운 채 이야기를 나누기 시작했다.

크리스티아나 ⁄ 저도 남편을 따라 순례 길에 나서게 될 줄은 꿈에도 몰랐어요.

긍휼 ⁄ 그러게요. 게다가 지금처럼 남편 분이 누웠던 침대에 눕게 될 줄은 상상도 못 하셨지요?

크리스티아나 ⁄ 더없이 평안한 남편의 얼굴을 보고 더불어 왕께 예배할 거란 생각은 더더욱 못했지요. 하지만 이제는 그럴 날이 올

거라고 믿어요.

긍휼 ㅡ 잠깐만요! 무슨 소리가 들리지 않나요?

크리스티아나 ㅡ 네, 정말 들리네요. 음악 소리 같아요. 우리가 여기 온 걸 기뻐하며 연주하는 소리인가 봐요.

긍휼 ㅡ 기분이 정말 좋네요! 집 안에도 우리 마음에도 즐거운 음악이 울리네요. 천국에서도 우리가 여기 온 걸 기뻐하는 소리가 울려 퍼지고 있을 거예요.

잠시 더 이야기를 나누던 두 사람은 스르르 단잠에 빠져들었다. 이튿날 아침, 잠에서 깬 크리스티아나가 긍휼에게 말했다.

크리스티아나 ㅡ 간밤에 대체 무슨 일이에요? 무슨 좋은 꿈을 꾸었기에 그렇게나 웃었나요?

긍휼 ㅡ 정말 기분 좋은 꿈을 꾸긴 했는데, 제가 정말 자면서 웃었나요?

크리스티아나 ㅡ 그랬다니까요. 어찌나 기분 좋게 웃던지. 긍휼 양, 꿈 얘기 좀 해 봐요.

긍휼 ㅡ 꿈속에서 아무도 없는 곳에서 홀로 제 마음의 완악함을 한탄하고 있었답니다. 그런데 오래지 않아 많은 사람이 저를 보고 제 말을 듣기 위해 제 주위로 모여들었어요. 어떤 이들은 저를 비웃으며 바보라고 놀렸지요. 저를 세게 밀치는 사람도 있었어요. 그런데 어느 순간 고개를 들어 보니 날개가 있는 분이 제가 있는 쪽으로 오는 게 아니겠어요? 그분은 곧장 제게로 오더니 "긍휼아, 왜 힘들어하느냐?"라고 위로의 말을 건네셨답니다. 제 하소연을 들은 그분께서 "평안할지어다"라고 말하며 손수건으로 제 눈물을 닦아 주시더니 황금처럼 빛나는 옷을 제게 입히시지 뭐예요. 제 목과 귀에 목걸이와 귀걸이도 걸어 주시고 머리에는 아름다운 관도 씌워 주셨지요. 겔 16:8-11 그러고 나서 제 손을 잡고 "긍휼아, 나를 따라오너라"라고 말씀하셨어요.

그분을 따라 올라가니 황금 문이 나타났어요. 거기서 그분이 문을 두드리니 안에 있는 사람들이 문을 열어 주었어요. 저는 그분을 따라 한 보좌 앞까지 갔는데, 그 보좌에 앉으신 분이 제게 "딸아, 환영한다"라고 말씀하셨어요. 그곳은 환했고…… 별, 아니 해처럼 밝게 빛나는 곳이었어요. 그곳에서 아주머니의 남편 분을 봤던 것 같아요. 그 순간, 잠이 깼는데…… 제가 정말 자면서 웃던가요?

크리스티아나 ⁄ 분명 웃었어요! 그렇게 행복한 자신의 모습을 보았으니 그럴 만도 하지요. 내가 볼 때는 좋은 꿈이에요. 그 꿈의 전반부가 이루어지기 시작했으니 후반부도 결국 이루어질 거예요. 이런 말씀이 있지요. "사실은 하나님이 말씀을 하시고 또 하신다고 하더라도, 사람이 그 말씀에 주의를 기울이지 못할 뿐입니다. 사람이 꿈을 꿀 때에, 밤의 환상을 볼 때에, 또는 깊은 잠에 빠질 때에, 침실에서 잠을 잘 때에, 바로 그때에, 하나님은 사람들의 귀를 여시고, 말씀을 듣게 하십니다. 사람들은 거기에서 경고를 받고, 두려워합니다."욥 33:14-16, 새번역

침상에서는 하나님과 대화하기 위해 꼭 깨어 있을 필요가 없어요. 하나님은 우리가 잠든 순간에도 찾아와 그분의 음성을 들려주실 수도 있거든요. 우리가 잠잘 때도 우리의 마음은 깨어 있곤 하지요. 그래서 하나님은 우리가 잘 때도 깨어 있을 때처럼 말씀이나 잠언, 표적이나 비유로 말씀하실 수 있어요.

긍휼 ⁄ 아무튼 기분 좋은 꿈이었어요. 이 꿈이 빨리 현실로 이루어져서 또 웃었으면 좋겠어요.

크리스티아나 ⁄ 자, 이제 일어나는 게 좋겠어요. 앞으로 어떻게 할지 알아봅시다.

긍휼 ⁄ 여기 계신 분들이 우리더러 이곳에 한동안 머물라고 하면 그렇게 하는 게 어때요? 저는 여기서 좀 지내면서 이 집 아가씨들과 친해졌으면 좋겠어요. 이름이 신중Prudence, 경건Piety, 자비Charity라던데 다들 참 단아해 보이더라고요.

크리스티아나 ⁄ 일단 나가 봅시다.

크리스티아나와 긍휼은 자리에서 일어나 준비한 뒤 아래 층으로 내려갔다. 마주치는 이 집 식구들마다 서로 편안하게 잘 잤는지 물었다.

긍휼 ─ 정말 편했어요. 내 평생에 이렇게 편안한 밤은 손에 꼽을 정도예요.

신중·경건 ─ 그럼 이 집에서 한동안 머물면서 필요한 것을 준비하면 어떨까요?

자비 ─ 맞아요, 저희가 잘 대접할게요.

크리스티아나 일행은 좀 더 머물기로 하고서 그 집에서 한 달쯤 더 시간을 보냈다. 서로에게 유익이 되는 뜻깊은 시간이었다. 어느 날 신중은 크리스티아나가 아들들을 잘 키웠는지 보고 싶어 교리문답을 해도 되겠냐고 물었다. 크리스티아나는 흔쾌히 허락했다. 신중은 막내인 야고보부터 시작했다.

신중 ─ 야고보, 너를 누가 지으셨는지 아니?

야고보 ─ 성부 하나님과 성자 하나님과 성령 하나님께서 지으셨어요.

신중 ─ 잘했다. 누가 너를 구원해 주실 수 있니?

야고보 ─ 성부 하나님과 성자 하나님과 성령 하나님이요.

신중 ─ 이번에도 잘했다. 그럼 성부 하나님이 너를 어떻게 구원해 주시는지 말해 보렴.

야고보 ─ 은혜로요.

신중 ─ 그럼 성자 하나님은 너를 어떻게 구원해 주시니?

야고보 ─ 그분의 의와 죽음, 피, 생명을 통해서요.

신중 ─ 그럼 성령 하나님은 너를 어떻게 구원해 주시니?

야고보 ─ 깨우치고 변화시키고 보호해 주심을 통해서요.

이번에는 신중이 크리스티아나에게 말했다. "아드님을 참 잘 키우셨어요. 막내가 이 정도로 대답을 잘할 정도면 사실 다른 아이들에게는 질문할 필요도 없겠어요. 그래도 셋째 요셉에게도 한번 물어볼게요."

신중 ─ 요셉, 나와 함께 교리문답 좀 해 볼까?

요셉 ─ 좋아요.

신중 ─ 인간이란 무엇인지 말해 볼까?

요셉 ─ 인간은 이성적인 존재라고 했어요.

신중 ─ 구원은 누구에게 필요할까?

요셉 ─ 죄를 지어 속박과 불행의 상태에 빠진 사람에게요.

신중 ─ 삼위일체 하나님께 구원받는다는 것은 무슨 의미이지?

요셉 ─ 죄는 너무 크고 힘이 센 폭군이라서 하나님 말고는 아무도 그 손아귀에서 우리를 건져 낼 수 없어요. 온전히 선하시고 사랑이 많으신 하나님만이 우리를 이 불행한 상태에서 건져 주실 수 있답니다.

신중 ─ 하나님이 불쌍한 인간들을 구원해 주시는 이유는 뭘까?

요셉 ─ 그분의 은혜와 정의로 말미암아 그분의 이름이 영화로워지고 그분의 피조물이 영원토록 행복해지기를 바라시기 때문이에요.

신중 ─ 그렇다면 어떤 사람이 구원을 받을까?

요셉 ─ 그분의 구원하심을 받아들이는 사람이요.

신중 ─ 참 잘했다, 요셉. 너희 어머니께서 너무나 잘 가르치셨고 넌 어머니 말씀을 잘 새겨 들었구나.

다음으로 신중은 둘째 아들 사무엘에게 물었다.

신중 ─ 자, 사무엘도 한번 해 볼래?

사무엘 ─ 네, 저도 해 보고 싶어요.

신중 ─ 천국이 뭐지?

사무엘 ─ 하나님이 계시기에 가장 복된 장소이자 가장 복된 상태예요.

신중 ─ 지옥은 뭐지?

사무엘 ─ 죄와 마귀와 죽음이 있어 가장 비참한 장소이자 가장 비참한 상태예요.

신중 ─ 그럼 너는 왜 천국에 가고 싶니?

사무엘 ─ 하나님을 만나고 싶고, 지치지 않는 열정으로 그분을 섬기고 싶어서요. 예수 그리스도도 만나고 그분을 영원토록 사랑하고 싶어서요. 그리고 거기서 누릴 수 있는 완전한 성령 충만을 얻고 싶어서요.

신중 ─ 정말 훌륭하구나. 정말 잘 배웠어.

이번엔 장남인 마태 차례였다.

신중 ⁄ 하나님이 계시기 전에 존재한 것이 있을까?

마태 ⁄ 아니요, 하나님은 영원하신 분이거든요. 세상 첫날이 시작되기 전까지는 하나님 말고는 아무것도 존재하지 않았어요. 하나님은 엿새 동안 하늘과 땅, 바다, 그리고 그 안에 있는 모든 것을 지으셨지요.

신중 ⁄ 성경은 뭐라고 생각하니?

마태 ⁄ 하나님의 거룩한 말씀이에요.

신중 ⁄ 거기 적힌 말씀 중에 네가 이해할 수 없는 것은 없니?

마태 ⁄ 없긴요. 아주 많아요.

신중 ⁄ 그렇게 이해하지 못하는 구절을 만나면 넌 어떻게 해?

마태 ⁄ 하나님이 저보다 더 지혜로우시다고 생각해요. 그리고 제가 이해하면 좋은 말씀은 다 이해하게 해 달라고 기도해요.

신중 ⁄ 죽은 자의 부활을 믿니?

마태 ⁄ 죽은 자가 장사될 당시의 본성은 그대로되 부패되지는 않은 상태로 부활할 것이라 믿어요. 그렇게 믿는 이유는 두 가지예요. 첫째, 하나님이 그렇게 약속하셨기 때문이에요. 둘째, 하나님은 그렇게 하실 능력이 있기 때문이에요.

신중은 네 아들들에게 말했다. "어머니 말씀에 계속해서 귀를 기울여서 더 많이 배워야 한다. 다른 사람들이 해 주는 선한 말에도 늘 귀를 기울여야 하고. 다 너희를 위해 해 주는 말들이니까 말야. 그리고 하늘과 땅이 가르쳐 주는 것도 유심히 들여다보렴. 하지만 무엇보다도 너희 아버지를 순례자로 만들어 준 그 책을 수시로 묵상해야 해. 너희가 여기 있는 동안 나도 너희에게 열심히 가르쳐 줄게. 신앙에 관해 궁금한 점이 있으면 언제라도 물어보렴."

순례자들이 이곳에 머문 지 일주일이 지났을 무렵, 한 남자가 긍휼을 찾아왔다. 긍휼에게 호의를 품은 듯 다가온 그 남자의 이름은 활발Brisk이었다. 가정교육을 적절히 받은 그는 신앙이 있는 척하지만 세상에 훨씬 가까운 사람이었다. 활발 씨는 긍휼을 찾아와서는 한두 번, 아니 그 이상 그녀에게 적극적으로 구애를 펼쳤다. 용모가 아름다운 긍휼은 매력적인 여인이었다.

긍휼은 마음가짐도 훌륭해서 늘 뭔가를 부지런히 하는 여자였다. 자신을 위해서 뭔가를 하지 않을 때는 다른 사람들을 위해서 양말과 옷을 짜서 필요한 사람들에게 나눠 주었다. 활발은 긍휼이 만든 것을 어떻게 쓰는지도 모르고 그저 긍휼이 게으르지 않다는 사실에 홀딱 반해서 속으로 생각했다. '세상에 저만한 신붓감은 없을 거야.'

긍휼은 그녀보다 활발을 잘 알고 있는 그 집 여인들에게 그가 어떤 사람인지 물었다. 여인들은 그가 몹시 바쁘며 신앙이 있는 척하지만 아무래도 선한 능력과는 상관없는 사람처럼 보인다고 말해 주었다. 그러자 긍휼이 다짐한 듯 말했다. "그렇다면 그를 더 이상 보지 말아야겠군요. 제 영혼의 걸림돌과 가까이하고 싶지 않거든요."

신중은 그를 포기시키는 건 그리 어렵지 않다고 귀띔해 주었다. 긍휼이 하던 대로 그저 가난한 사람을 위해 시작한 일을 계속하기만 해도 그의 관심이 금세 사라질 거라고 했다.

얼마 뒤 찾아온 활발은 긍휼이 여전히 가난한 사람들을 위해 계속해서 일에 몰두하는 것을 보고는 답답해하며 말했다. “아직도 이러고 있어요? 아니면 매일 이러나요?”

“네, 전 제 자신이나 다른 사람을 위해 늘 일하고 있어요.”

“그러면 하루에 얼마나 버나요?”

“저는 선한 일에 부요하며 나눠 주기를 좋아하는 거예요. 영원한 생명을 얻기 위해 장래를 위한 좋은 터를 쌓고 있는 거랍니다.”딤전 6:17-19, 현대인의 성경

“양말이나 옷들로 도대체 뭘 하려는 건가요?”

“헐벗은 사람들을 입히려고요.”

이 말에 활발의 낯빛이 급격히 어두워졌다. 그 뒤로 그는 두 번 다시 긍휼을 보러 오지 않았다. 사람들이 그 이유를 묻자 그는 긍휼의 외모는 예쁘지만 성품이 마음에 들지 않는다고 대답했다.

활발이 발길을 끊자 신중은 이렇게 말했다. “거 봐요. 활발 씨를 떼내기는 쉽다고 말했지요? 필시 그자는 아가씨에 관한 험담을 하고 다닐 거예요. 신앙심이 있는 척, 아가씨를 사랑하는 척하지만 마음씨가 아가씨와 전혀 달라요. 제가 볼 때 두 사람은 절대 어울리지 않아요.”

긍휼 ⁄ 처음 밝히는 건데…… 실은 전에 결혼할 뻔한 남자들이 여럿 있었어요. 하지만 다들 제 성품을 좋아하지 않았지요. 제 용모는 좋아했지만 말이에요. 어쨌든 저와는 맞지 않았어요.

신중 ⁄ 요즘 실제로 긍휼을 행하는 사람은 많지 않아요. 다들 말로

만 긍휼을 외치지요. 아가씨 같은 성품을 지니고서 긍휼을 실천하는 사람은 정말 드물답니다.

긍휼 ⁄ 아무도 저를 데려가지 않으면 죽을 때까지 결혼하지 않겠어요. 제게는 성품이 더 중요하니까요. 바꿀 수 없는 게 성품이고 저와 성품이 맞지 않는 사람을 절대 남편으로 맞이할 수는 없어요. 제 언니 후함Bountiful은 그런 속된 남자와 결혼했는데 서로 맞지 않았지요. 언니가 예전처럼 가난한 사람들에게 긍휼을 베풀려 하니까 형부는 처음에는 윽박지르다가 결국 언니를 집에서 쫓아내고 말았답니다.

신중 ⁄ 하지만 그분도 신앙을 고백한 사람이지요?

긍휼 ⁄ 맞아요. 신앙을 고백하고도 그런 사람이 세상에는 가득해요. 저는 그런 사람은 다 싫어요.

그즈음 크리스티아나의 첫째 아들 마태가 배가 아파 끙끙 앓고 있었다. 복통이 어찌나 심한지 이 방 끝에서 저 끝까지 데굴데굴 굴러가며 통증을 호소했다. 마침 그 집에서 멀지 않은 곳에 솜씨Skill라는 나이 지긋한 명의가 살고 있었다. 크리스티아나는 다급하게 사람을 보내 그에게 도움을 청하자 그가 바로 찾아왔다. 방에 들어온 솜씨 의사는 잠시 마태를 들여다본 뒤 포도를 먹고 탈이 났다는 판단을 내리고서 크리스티아나에게 물었다. “아이가 최근에 뭘 먹었나요?”

“좋은 음식 말고는 먹은 게 없는데요?”

“이 아이가 함부로 먹은 뭔가가 소화되지 않고 목구멍에 걸려 있습니다. 저절로 내려가지는 않을 겁니다. 독소를 몸 밖으로 배출시키지 않으면 목숨을 잃을 수도 있어요."

사무엘 ⁄ 엄마, 형이 이 길이 시작된 곳에 있던 문에서 나오자마자 따서 먹은 게 뭐지요? 왜, 길 왼편 담장 너머에 정원 겸 과수원이 있었잖아요. 형이 거기서 뻗어 나온 가지의 열매를 따서 먹었어요.

크리스티아나 ⁄ 아, 맞다. 형이 거기서 뭘 따서 먹었었지! 에휴, 말썽꾸러기 같으니라고. 엄마가 혼을 냈는데도 말을 안 듣고 끝내 따서 먹었지 뭐예요.

솜씨 ⁄ 네, 몸에 좋지 않은 음식을 먹은 줄 알았습니다. 심지어 그 음식, 정확히 말하면, 그 과일은 세상에서 가장 해로운 음식이랍니다. 그 과일은 바로 바알세불의 과수원Beelzebub's orchard에서 난 열매지요. 그 과수원 과일에 관해 아무도 주의를 주지 않았다는 사실이 이상하군요. 그 과일을 먹고 많은 사람이 죽었거든요.

크리스티아나 ⁄ 이 말썽꾸러기! 아, 어쩜 나도 이리 부주의했단 말인가! 이 일을 어쩌지요?

솜씨 ⁄ 자, 자, 너무 걱정하지 말아요. 아이는 좋아질 수 있어요. 일단 독소를 변으로 배출하고 토해 내게 해야 해요.

크리스티아나 ⁄ 선생님, 값은 얼마든지 치를 테니 제발 우리 아이를 꼭 살려 주세요.

솜씨 ⁄ 병세가 너무 심하지 않아야 할 텐데요.

솜씨가 서둘러 약을 만들었지만 약효가 거의 없었다. 이 약은 염소의 피, 어린 암소를 태운 재, 우슬초즙 약간과 그 외 몇 가지를 섞은 것이었다.[히 10:1-4] 솜씨는 약효가 너무 없다고 판단해 그리스도의 살과 피로 알약을 조제해 처방해 주었다.[요 6:54-57; 히 9:14] 그 알약에는 약속 한두 개와 적정량의 소금도 들어갔다.[막 9:49] 마태는 금식하면서, 한 번에 세 알씩 회개의 눈물 조금과 함께 복용해야 했다.[슥 12:10]

솜씨는 마태에게 말했다. "자, 이걸 먹어야 한다."

하지만 마태는 약 얘기에 손사래를 쳤다. "웩, 구역질이 나요."

"얘야, 꼭 먹어야 해."

엄마가 아무리 말해도 마태는 말을 듣지 않았다.

"토할 것만 같아요."

그러자 크리스티아나가 솜씨에게 물었다.

"선생님, 약이 먹기에 좀 어떤가요?"

"전혀 나쁘지 않아요." 솜씨의 말에 크리스티아나는 알약 하나를 집어 혀끝으로 살짝 맛보았다.

"마태야, 꿀보다도 달아. 네가 이 엄마와 동생들, 그리고 긍휼 누나를 사랑한다면 이 약을 좀 먹으렴. 아니, 살고 싶으면 어서 먹어야 해."

오랜 실랑이 끝에 결국 마태는 하나님께 짧게 기도하고 나서 그 약을 받아 꿀꺽 삼켰다. 다행히 약은 잘 들었다. 약을 먹자마자 마태는 독소를 몸 밖으로 배출했고 열이 내려 곤한 잠에 빠져들었다.

얼마 뒤 잠에서 깨어난 마태는 기운이 났는지 지팡이를 짚고 이 방 저 방 돌아다니면서 신중과 경건과 자비에게 자신이 아팠다가 나은 과정을 신나서 떠들어 댔다.

마태가 병이 낫자 크리스티아나는 솜씨에게 조심스레 물었다. "선생님, 제 자식을 수고롭게 돌봐 주셔서 감사해요. 어떻게 보답해야 할지 모르겠습니다."

그러자 솜씨가 말했다. "이 경우에는 의사들의 스승이신 분께 보답하는 것이 규정입니다."히 13:11-15

크리스티아나 ─ 그런데 선생님, 이 약은 또 어떤 병에 효과가 있나요?

솜씨 ─ 이 약은 만병통치약이랍니다. 순례자들이 걸릴 수 있는 모든 병에 효과가 있지요. 조제해서 잘 간직하고 있으면 두고두고 쓸모가 있을 거예요.

크리스티아나 ─ 그럼 선생님, 열두 상자만 조제해 주세요. 이 약만 있으면 다른 약은 필요 없을 테니까요.

솜씨 ─ 이 알약은 병을 치료할 뿐 아니라 예방하는 효과도 있답니다. 내 장담하건대 이 약을 제대로 사용하기만 하면 영생할 수도 있어요.요 6:50 하지만 선한 크리스티아나여, 이 약은 반드시 내가 처방한 대로 복용해야 합니다. 그렇지 않으면 아무런 효과가 없어요.

솜씨는 크리스티아나와 아들들, 긍휼이 사용할 약을 제조해 주고 마태에게 더는 풋과일을 먹지 말라고 주의를 주었다. 그리고 그들에게 입을 맞추며 인사하고서 그들 곁을 떠났다.

앞서 신중은 크리스티아나의 아들들에게 궁금한 게 있으면 언제라도 답해 주겠다고 말했었다. 한참 몸이 아팠던 마태는 신중에게 "약은 왜 대부분 쓸까요?"라며 질문하기 시작했다.

신중 ─ 그건 육신에서 비롯한 마음에는 하나님의 말씀이 달갑지 않다는 점을 보여 주기 위해서란다.

마태 ─ 그럼 약이 몸에도 좋고 독소를 빼낸다면 왜 토하게 만드는 거지요?

신중 ─ 그건 말씀이 효험을 발휘할 때 마음과 정신을 깨끗하게 해준다는 점을 보여 주기 위해서란다. 약이 몸을 깨끗하게 낫게 해 주는 것이라면 말씀은 영혼을 깨끗하게 해 주지.

마태 ─ 그럼 불길이 위로 올라가는 현상에서는 무엇을 배울 수 있나요? 태양 빛과 그 따스한 열기가 아래로 향하는 현상에서는요?

신중 ─ 불길이 위로 치솟아 올라가는 현상은 우리도 뜨거운 열정을 품어야 하늘로 오를 수 있다는 사실을 가르쳐 준단다. 태양빛과 태양열을 아래로 보내는 현상에서는 세상의 구주께서 하늘 위에 계시지만 땅 아래에 있는 우리에게 은혜와 사랑을 베푸신다는 사실을 배울 수 있지.

마태 ─ 구름을 만드는 물은 어디서 얻나요?

신중 ─ 바다에서 얻지.

마태 ─ 이 자연 현상에서는 무엇을 배울 수 있나요?

신중 ─ 목사는 하나님에게서 교리를 받아야 한다는 사실이란다.

마태 ─ 구름은 왜 땅에 물을 쏟아 내지요?

신중 ─ 목사가 하나님에 관해 아는 것을 세상에 나눠 주어야 한다는 점을 보여 주기 위해서야.

마태 ─ 왜 해는 무지개를 만들지요?

신중 ─ 하나님의 은혜에 관한 언약이 그리스도 안에서 이루어졌다는 점을 보여 주기 위해서란다.

마태 ─ 바닷물이 땅을 거쳐 샘으로 솟아나는 이유는요?

신중 ─ 하나님의 은혜가 그리스도의 몸을 통해 우리에게 온다는 점을 보여 주기 위해서지.

마태 ─ 높은 산에서 샘이 솟는 이유는 무엇인가요?

신중 ─ 은혜의 영이 주로 가난하고 낮은 자들에게서 나타나지만 더러 크고 강한 자들에게서도 나타난다는 점을 보여 주기 위해서란다.

마태 ─ 촛불은 왜 심지에 딱 붙어 있나요?

신중 ─ 은혜가 마음 위에서 타오르기 전까지는 우리 안에 참된 생명의 빛이 없다는 점을 보여 주기 위해서야.

마태 ─ 왜 심지와 기름을 비롯한 모든 것은 촛불을 유지하기 위해 소모되지요?

신중 ─ 우리 안에 있는 하나님의 은혜를 좋은 상태로 유지하기 위해 육체와 영혼을 비롯한 우리의 모든 것을 소모해야 한다는 점을 보여 주기 위해서란다.

마태 ─ 펠리컨은 왜 부리로 자신의 가슴을 쪼나요?

신중 ─ 굶주린 새끼들에게 자신의 피를 먹이기 위해서지. 이는 그리스도께서 자녀인 우리를 지극히 사랑하사 자신의 흘리신 피로 말미암아 우리를 죽음에서 구원하신다는 점을 보여 준단다.

마태 ─ 수탉의 울음소리에서는 무엇을 배울 수 있을까요?

신중 ─ 베드로의 죄와 회개를 기억하는 법을 배울 수 있단다. 수탉의 울음소리는 환한 대낮이 밝아 오고 있음을 알려 주기도 해. 하지만 동시에 수탉의 울음소리를 들을 때마다 무시무시한 마지막 심판의 날이 다가오고 있다는 사실을 기억해야 한단다.

어느덧 한 달 가까운 시간이 흘러갔다. 크리스티아나 일행은 그 집 식구들에게 이제 그만 떠나야 할 때가 되었다고 말했다. 그때 마태가 엄마에게 당부의 말을 건넸다. "해석자 선생님 집에 전갈을 보내 담대 아저씨를 안내자로 보내 달라고 부탁하는 걸 잊지 마세요."

"아, 맞다. 하마터면 잊을 뻔했구나. 고맙구나." 크리스티아나는 편지를 써서 문지기인 파수꾼 씨에게 주면서, 자신의 좋은 친구인 해석자 선생님에게 보내 달라고 부탁했다. 얼마 뒤 이 편지를 받아 본 해석자는 편지를 가져온 사람에게 "안내자를 보내 주겠다고 전해 주시오"라고 말했다.

아름다움 저택 식구들은 크리스티아나 일행이 떠난다는 말을 듣고서 모두가 한자리에 모였다. 그들은 더없이 좋은 손님들을 보내 주신 왕께 감사하는 시간을 가졌다. 그러고 나서 크리스티아나에게 말했다. "저희 집안 관례에 따라 순례자들에게 보여 드리는 것이 있는데 보시지 않겠습니까? 길을 가는 동안 묵상하시면 좋을 겁니다."

크리스티아나가 고개를 끄덕이자 그들은 크리스티아나와 아들들, 긍휼을 작은 방으로 데려가 하와가 먹고서 남편에게도 주었던 그 사과를 보여 주었다. 아담과 하와는 그 사과를 먹고서 둘 다 에덴동산에서 쫓겨났다. 아름다움 저택 식구들은 크리스티아나에게 이 사과가 무엇이라고 생각하는지 물었다.

이에 크리스티아나는 "이 사과는 먹는 음식 아니면 독인데 둘 중 무엇인지는 잘 모르겠습니다"라고 대답했다. 그러자 그들은 그 사과의 정체를 밝혔고, 크리스티아나는 깜짝 놀라며 두려워했다.[창 3:6; 롬 7:24]

이어서 아름다움 저택 식구들은 크리스티아나 일행을 다른 장소로 데려가 야곱의 사다리를 보여 주었다. 몇몇 천사가 그 사다리를 타고 오르락내리락하고 있었다.[창 28:12; 요 1:51] 크리스티아나가 고개를 들어 사다리를 오르는 천사들을 보자 다른 사람들도 따라 고개를 들었다. 이윽고 가족들이 다른 것을 보여 주기 위해 또 다른 장소로 안내하려고 하자 야고보가 엄마에게 말했다. "엄마, 여기 조금만 더 있자고 해요. 정말 신기한 광경이잖아요." 그래서 모두 몸을 돌려 이 흥미로운 광경을 좀 더 눈에 담았다.

잠시 후 황금 닻이 걸려 있는 다른 장소로 이동했다. 거기서 아름다운 저택 식구들은 크리스티아나에게 닻을 내려 보라고 말했다. "이 닻은 반드시 필요한 것이니 가져가세요. 사나운 날씨를 만날 때 휘장 안에서 이걸 꽉 잡고 있으면 흔들리지 않을 겁니다.[히 6:19] 크리스티아나 일행은 그 닻을 받고 기뻐했다.

마지막으로, 크리스티아나 일행은 우리 조상 아브라함이 아들 이삭을 바쳤던 산으로 인도받았다. 그들은 오늘날까지도 그대로 남아 있는 제단이며 땔감, 불, 칼을 보았다.[창 22:9] 순례자들은 믿음의 증거들을 보고 손을 들어 하나님께 축복을 빌며 말했다. "주님을 이토록 사랑하고 자신을 이토록 철저히 부인하다니, 아브라함은 실로 대단한 사람이구나!"

아름다운 저택 식구들이 이 모든 것을 보여 주고 난 뒤 신중은 그들을 버지널(16-17세기의 유건 발현 악기, 같은 단어로 '순결한, 흠 없는'이라는 뜻도 있다)이라는 건반악기가 놓인 거실로 데려갔다. 거기서 신중은 그 악기를 연주하며 지금까지 봤던 것들을 멋진 노래로 풀어냈다.

그대에게 보여 준 하와의 사과
꼭 기억하세요.
천사들이 오르는
야곱의 사다리도 보았지요.
닻도 받았고요.

하지만 아직 부족해요.

아브라함처럼

그대의 가장 좋은 것을 제물로 바치기 전까지는.

그때 누군가가 문을 두드렸다. 문지기 파수꾼이 문을 열어 보니, 다름 아닌 담대였다. 담대의 등장에 모두가 기쁨을 감추지 못했다. 그의 얼굴을 보자마자 크리스티아나 일행은 마음속에서 그가 일전에 피비린내 나는 남자라고도 불리던 무자비 거인을 죽이고 자신들을 사자에게서 구해 준 일을 생생하게 떠올렸다.

담대 역시 반가워하며 크리스티아나와 긍휼에게 말했다. "제 주인께서 두 사람에게 포도주 한 병씩을 보내셨습니다. 볶은 옥수수와 석류 몇 개도 함께 보내셨지요. 아이들에게는 여행 중에 기운을 차릴 수 있도록 무화과와 건포도를 보내셨고요."

크리스티아나 일행은 이제 떠나야 할 때가 되었다고 말했고, 신중과 경건이 배웅을 하러 나섰다. 문 앞에 이르자 크리스티아나는 문지기에게 최근 이곳을 지나간 사람이 있었는지 물었다.

문지기는 이렇게 대답했다. "얼마 전에 딱 한 명밖에 없었어요. 그에게서 들은 말인데, 그대들이 가려는 왕의 대로에서 최근 강도 사건이 크게 발생했다고 하네요. 강도들은 곧 체포되었고 곧 그들의 생사를 결정하는 재판이 열릴 거라고 합니다." 그 말에 크리스티아나와 긍휼의 낯빛이 금세 두려움으로 어두워졌지만 마태가 씩씩하게 말했다. "엄마, 담대 아저씨가 우리 안내자로 함께 가시는데 뭐가 걱정이에요."

크리스티아나는 문지기에게 작별 인사를 건넸다. “선생님, 제가 여기에 온 뒤로 보여 주신 친절에 뭐라고 감사해야 할지 모르겠습니다. 제 아이들에게 보여 주신 사랑과 친절도 평생 잊지 못할 겁니다. 약소하지만 감사의 표시로 이걸 드리니 받아 주세요.”

크리스티아나가 황금 천사 조각상 하나를 건네자 문지기는 고개를 깊이 숙이고 나서 말했다. “그대의 옷은 늘 희고 머리에는 기름이 떨어지지 않기를 빕니다. 긍휼 양도 죽지 않고 살아서 선한 일을 많이 하시길 기도합니다.”

문지기는 아들들도 축복했다. “젊은 날의 정욕을 떨쳐 내고, 진중하고 지혜로운 이들과 함께 경건한 삶을 살렴. 너희 어머니에게는 기쁨이 되고 지각 있는 모든 이들에게 칭찬을 받을 게다.” 크리스티아나 일행은 문지기 파수꾼에게 감사의 인사를 하고 나서 또다시 여행길을 나섰다.

내가 꿈에서 보니, 그들은 계속해서 가다가 산마루에 이르렀다. 거기서 경건이 뭔가 생각났다는 듯이 소리쳐 말했다. “저런! 여러분에게 주려고 했던 것을 깜박했지 뭐예요! 어서 가지러 가야겠어요.” 그녀는 말을 마치자마자 오던 길로 다시 달려갔다. 그녀가 시야에서 사라지자 크리스티아나는 오른편으로 약간 떨어진 작은 숲에서 들려오는 더없이 비밀스러운 노랫소리를 듣게 되었다.

내 평생에 주님의 은혜가
아낌없이 나타나니

주님의 집에서

영원토록 살겠습니다.

계속해서 귀를 기울이자 답가가 들려왔다.

우리 주 하나님은 선하시고

그분의 긍휼은 영원토록 변함없으며

그분의 진리는 항상 굳게 서 있어서

세세토록 이어지리라.

크리스티아나는 신중에게 누가 이 비밀스러운 노래를 부르는지 물었다. 아 2:11-12 신중은 이렇게 대답했다. "이 나라의 새들이 부르는 노래랍니다. 다만 이 새들은 꽃이 피고 햇살이 따사로운 봄 외에는 좀처럼 이 노래를 부르지 않지요. 봄에는 요 녀석들의 노래를 종일 들을 수 있답니다. 저는 이 노래를 듣고 싶어서 자주 밖으로 나와요. 우리 집에서 이 새들을 기르기도 한답니다. 기분이 울적할 때는 더없이 좋은 동무가 되어 주지요. 녀석들 덕분에 숲과 외로운 곳곳마다 기분 좋은 곳으로 변해요."

이윽고 돌아온 경건은 크리스티아나에게 말했다. "여기 좀 보세요. 여러분이 우리 집에서 본 것들을 남김없이 정리해 왔어요. 잊어버릴 때마다 이걸 보고 기억하면 깨달음과 위안을 얻을 수 있을 거예요."

CHAPTER 6

거룩한 두려움으로 한 걸음 한 걸음

'이유 있는 골짜기' 통과하는 법

순례자 일행, 신중, 경건, 목동, 부주의한 사람의 시신, 마귀, 망치, 정직, (두려움), (아집), 강도를 경고하는 남자

그들은 겸손의 골짜기Valley of Humility까지 산을 내려갔다. 산은 가파르고 미끄러웠지만 워낙 조심스럽게 걸은 덕분에 아래까지 무사히 도착했다. 산 아래 골짜기에 이르자 경건이 크리스티아나에게 말했다. "이곳은 아주머니의 남편 분이 못된 마귀 아볼루온을 만나 무시무시한 싸움을 벌인 곳이랍니다. 아주머니도 들어서 알 거예요. 하지만 우리는 걱정할 필요가 없어요. 담대가 안내하는 한 아무런 일도 없을 테니까요." 신중과 경건은 순례자들을 안내자에게 맡기고 아름다움 저택으로 돌아갔다.

담대 ⸍ 이 골짜기를 두려워할 필요는 없어요. 우리가 화를 자초하지 않는 한 여기에 해가 될 만한 것은 없답니다. 물론 여기서 크리스천은 아볼루온을 만나 치열한 전투를 벌였지요. 하지만 그건 그가 산을 내려오다가 방심해서 미끄러진 탓이에요. 저기 산에서 미끄러지면 여기 언덕에서 전투를 벌여야 한답니다. 이것이 이 골짜기가 악명 높은 이유랍니다. 보통, 사람들은 여기서 험한 꼴을 당한 경우가 있었다는 말을 듣고는 이곳에 무서운 마귀나 악령이 출몰한다고 지레 짐작하지요. 하지만 험한 꼴을 당하는 건 어디까지나 당한 자가 조심스럽지 못해 자초하는 것일 뿐이에요.

겸손의 골짜기 자체는 까마귀가 날아다니는 여느 골짜기와 마찬가지로 열매가 풍성한 곳이랍니다. 이 근방을 뒤져 보면 크리스천이 이곳에서 그토록 고생한 이유를 설명해 주는 단서를 찾을 수 있을 겁니다.

그러자 야고보가 엄마에게 말했다. "저기 기둥이 하나 있어요. 뭔가 적혀 있는 것 같은데 가서 뭔지 봐요." 그들이 가 보니 기둥에는 이렇게 적혀 있었다. "나중에 오는 이들은 크리스천이 이곳에 오기 전에 미끄러지고 그로 인해 이 장소에서 전투를 벌여야 했던 일을 반면교사로 삼으라."

담대는 그 기둥을 가리키며 말했다. "보세요. 이 근방에 크리스천이 이곳에서 곤혹을 치른 이유를 말해 주는 단서가 있을 거라고 했지요?" 그러고 나서 크리스티아나 쪽으로 몸을 돌리며 말했다. "이곳에서 고생한 사람이 수두룩하니 크리스천을 너무 비난할 건 없습니다. 이 산은 올라가는 것보다 내려가는 것이 더 어려운 산입니다. 이 지역에서 이런 산은 드물지요. 어쨌든 크리스천 얘기는 이제 그만합시다. 결국 그는 적을 용감하게 무찌르고서 이제 평안히 쉬고 있으니 말입니다. 위에 계신 분이 우리가 시험을 당할 때 그보다 더 험한 일을 당하지 않게 해 주셨으면 좋겠네요.

이 겸손의 골짜기에 관한 이야기를 좀 더 해 봅시다. 이곳은 이 부근에서 가장 좋은 땅이랍니다. 그 어느 곳보다도 기름진 땅이지요. 그리고 보다시피 대부분이 초장으로 이루어져 있습니다. 이곳에 관한 소문을 전혀 듣지 못한 사람이 우리처럼 여름에 오면 그저 좋다고만 생각할 겁니다. 이 골짜기가 얼마나 푸르른지 한번 보세요. 백합화는 또 얼마나 아름다운지![아 2:1] 이 겸손의 골짜기에서 좋은 땅을 갖고 있는 겸손한 사람을 많이 알고 있답니다. 하나님은 교만한 자를 대적하시지만 겸손한 자에게는 큰 은혜를 주시거든요.[약 4:6; 벧전 5:5] 이 땅은 워낙 비옥해서 겸손한 자세로 부지런히 손발을 놀리기만 하면 누구나 많은 수확을 거둘 수 있답니다. 어떤 이들은 여기서 아버지 집으로 곧장 이어지는 길이 있으면 좋겠다고 말해요. 힘들게 산을 넘어가기 싫어서지요. 하지만 길은 가다 보면 결국 끝이 나오기 마련입니다."

그들은 이런저런 이야기를 나누며 길을 가다가 자기 아버지의 양떼를 먹이고 있는 한 소년을 만났다. 소년의 행색은 몹시 초라했지만 얼굴은 무척 깨끗하고 잘생겼다. 그가 앉아서 노래를 부르자 담대는 일행에게 "저 목동의 노래를 잘 들어 보세요"라고 말했다. 크리스티아나 일행은 목동의 노래에 귀를 기울였다.

낮은 자는 떨어질까 두려워할 필요가 없다네.
낮은 자는 교만이 없네.
겸손한 자에게는 언제나
하나님이 인도자가 되어 주시네.

적든 많든

내가 가진 것에 만족하네.

주님이 이런 자를 구원해 주셨기에

더욱 만족하네. 빌 4:12-13

순례 길에 짐이 많고

이생에서는 가진 것이 적으나

세세토록 이어질 내세의 행복은

크기 이를 데 없으니. 히 13:5

담대는 크리스티아나 일행에게 이렇게 말했다.

담대 ⁄ 저 목동의 노랫소리가 들리나요? 이 목동은 마음의 위안이라는 약초를 가슴에 품고 있는 덕분에 비단과 벨벳 옷을 입은 사람보다 더 즐겁게 살고 있답니다. 자, 이제 하던 이야기를 마저 해 볼까요?

전에 우리 주인께서는 이 골짜기에 별장을 갖고 계셨습니다. 그곳에서 지내는 걸 무척 좋아하셨어요. 그분은 이 초장에서 상쾌한 바람을 맞으며 거니는 것도 좋아하셨지요. 특히 이곳에서는 이생의 소란스러움이 없고 쫓기듯 바쁘게 살 필요가 없지요. 온 세상이 소음과 혼란으로 가득하지만 이곳 겸손의 골짜기만큼은 한적하답니다. 순례자의 삶을 사랑하는 이들 외에는 이 골짜기에 아무도 다니지 않거든요. 물론 이곳에서 크리스천이 아볼루온을 만나 혈투를 벌이기는 했지만, 그전에는 많은 사람이 여기서 천사를 만나고 진주를 발견하고 생명의 말씀을 얻었답니다.호 12:4-5
말이 나온 김에 말하자면, 우리 주인께서는 이곳에 살거나 이곳을 지나가는 이들을 위해 지원금을 마련하셨답니다. 그들이 순례를 계속하도록 격려하기 위해 해마다 그들에게 지원금을 하사하시지요.마 11:29

사무엘 ― 아저씨, 이 골짜기에서 제 아버지와 아볼루온이 전투를 벌인 걸로 아는데 정확히 어디서 싸움이 벌어졌나요? 이 골짜기가 워낙 넓어서요.

담대 ― 너희 아버지는 저기 망각의 초원Forgetful Green을 막 지나자마자 나타나는 좁은 길 부근에서 아볼루온과 전투를 벌였단다. 사실, 저기는 이 지역에서 가장 위험한 곳이야. 이곳에서 순례자들이 공격받는 이유는 자신이 어떤 은혜를 받았고 그 은혜를 받을 자격이 얼마나 없는지를 잊어버리기 때문이란다. 거기서 순례자 말고도 많은 사람이 곤혹을 치렀지. 나머지 이야기는 현장에 가서 좀 더 하도록 하자꾸나. 아직까지 그 전투의 흔적이 남아 있을지도 모르고 그 전투가 벌어졌다는 사실을 증명해 주는 기념비 같은 게 있을 듯도 해서 말이야.

긍휼 ― 이 골짜기는 우리가 지나 왔던 그 어떤 곳보다도 마음에 들어요. 정말이지 제 취향이에요. 저는 마차나 수레가 덜거

덕거리는 소리가 없는 곳이 좋아요. 자기가 누구이며 어디에서 왔고 무엇을 했으며 왕이 자신을 무슨 일로 부르셨는지 그 어떤 방해도 받지 않고 찬찬히 자신을 돌아보기에 딱 좋은 곳 같아요. 이곳에서 묵상하면 마음이 무너지고 영혼이 녹아 눈이 헤스본의 연못처럼 돼요.[아 7:4] 이 눈물의 골짜기를 지나면 샘을 만나게 되며, 또한 하나님이 하늘에서 비를 내려 물웅덩이를 채워 주실 거예요. 왕께서 포도원을 주시는 곳도 바로 이 골짜기라고 해요. 그래서 이곳을 지나는 사람은 아볼루온을 만난 뒤의 크리스천처럼 노래를 부르게 된다더군요.[시 84:6-7; 호 2:15]

담대 ─ 맞는 말입니다. 이 골짜기를 여러 번 지났는데 이곳보다 좋은 곳이 없더군요. 순례자들을 이끌고 이곳을 여러 번 지나갔는데, 그들도 하나같이 같은 고백을 했습니다. 왕께서는 이렇게 말씀하셨습니다. "무릇 마음이 가난하고 심령에 통회하며 내 말을 듣고 떠는 자 그 사람은 내가 돌보려니와." 사 66:2

크리스티아나 일행은 드디어 크리스천의 전투가 벌어졌던 곳에 이르렀다. 거기서 담대는 크리스티아나와 아들들, 긍휼에게 이렇게 말했다. "여기가 바로 그곳입니다. 여기에 크리스천이 서 있는데 아볼루온이 저기서 공격해 왔지요. 보세요. 이 돌에 아직까지 남편 분의 피가 묻어 있습니다. 저기 아볼루온의 부러진 창 파편들이 보이나요? 서로 유리한 위치를 차지하려고 발로 땅을 꾹꾹 누른 지점들도 있지요? 둘이 휘두른 무기에 돌들이 완전히 부서져 여기저기 흩어져 있네요. 크리스천은 정말 대장부답게 행동했답니다. 그 상황에서는 헤라클레스라도 그런 용맹을 떨치지는 못했을 겁니다. 패배한 아볼루온은 옆에 있는 골짜기로 냅다 줄행랑을 쳤지요. 바로 사망의 음침한 골짜기라 불리는 곳입니다. 우리 역시 곧 그 골짜기를 지날 거예요.

아, 저기 기념비도 서 있네요. 이 전투와 크리스천의 승리에 관한 이야기가 기록된 기념비입니다. 이 기념비를 통해 그의 명성은 세세토록 기억될 겁니다."

기념비는 바로 앞 길가에 있었기 때문에 그들은 다가가서 거기에 새겨진 글귀를 찬찬히 읽었다.

> 여기서 힘겨운 싸움이 벌어졌다.
> 더없이 기이한 이야기지만 엄연한 사실이다.
> 크리스천과 아볼루온은 서로를 제압하기 위해 싸웠다.
> 남자는 대장부답게 용감하게 싸워서
> 마귀를 도망치게 만들었다.
> 이에 기념비를 세워
> 이 사실을 전하노라.

크리스티아나 일행은 이곳을 지나 사망의 음침한 골짜기로 들어

가는 입구에 도착했다. 이 골짜기는 겸손의 골짜기보다 더 길었다. 많은 사람의 증언에 따르면 그곳은 악한 것들이 출몰하는 골짜기였다. 하지만 여인들과 소년들은 이보다 좀 더 안전한 상황에서 골짜기에 들어설 수 있었다. 환한 대낮이었고 담대가 그들을 안내했기 때문이다.

이 골짜기에 들어서자 죽은 자들이 내는 것 같은 신음 소리가 들렸다. 소리는 매우 컸다. 극심한 고문을 당하는 자들이 내는 것 같은 통곡 소리도 들렸다. 여기저기 들려오는 소리에 소년들은 두려워 벌벌 떨었고 여인들도 얼굴이 금세 창백해졌다. 하지만 담대는 안내자답게 안심하라고 다독였다.

좀 더 들어가자 마치 땅속이 텅 빈 것처럼 발아래 딛고 있던 땅이 흔들리기 시작했다. 뱀의 쉿 소리 같은 것도 들렸지만 뱀이 나타나지는 않았다. 참다못한 소년들이 말했다. "이 음침한 골짜기가 끝나려면 아직 멀었나요?" 그러자 담대는 소년들에게 좀 더 용기를 내고 발밑을 조심하라고 말했다. "자칫 덫에 빠지지 않도록 정신을 바짝 차리렴."

이때 야고보가 갑자기 아프기 시작했다. 내가 볼 때는 두려움 때문인 것 같다. 다행히 엄마가 해석자의 집에서 받은 음료수와 솜씨가 조제해 준 알약 세 알을 주자 야고보는 그것을 먹고 기운을 차리기 시작했다. 그리하여 그들은 가던 길을 계속해서 갔고, 어느덧 골짜기의 중간쯤에 이르렀다. 거기서 크리스티아나가 말했다. "저 앞에 한 번도 본 적 없는 요상한 모양의 뭔가가 있는 것 같아요!" 그러자 요셉이 말했다. "엄마, 그게 뭔데요?"

크리스티아나 ─ 흉측하게 생겼어. 아주 많이.

요셉 ─ 엄마, 그러니까 어떻게 생겼어요?

크리스티아나 ─ 딱히 뭐라고 말을 못 하겠는데……. 그냥 아주 이상해.
아! 그게 코앞까지 왔어!

그러자 담대가 말했다. "저게 너무 무서운 사람은 저한테 딱 붙어 있어요." 마귀가 바짝 다가오자 담대는 곧장 맞설 태세를 취했다. 그런데 마귀는 바로 코앞까지 왔다가 어느 순간 시야에서 갑자기 사라져 버렸다. 그때 크리스티아나 일행은 얼마 전에 들은 말씀을 기억해 냈다. "마귀를 대적하라 그리하면 너희를 피하리라."약 4:7

그들은 약간의 용기를 얻어 앞으로 나아갔지만 얼마 가지 않아 긍휼이 뒤를 돌아보니 거의 사자처럼 몸집이 큰 뭔가가 땅을 쿵쿵 세게 밟으며 쫓아오고 있었다. 놈은 음침하게 으르렁거렸는데, 한 번 으르렁거릴 때마다 온 골짜기가 울렸다. 그때마다 담대를 제외한 모든 사람의 가슴이 철렁 내려앉았다. 놈이 재빠르게 다가오자 담대는 순례자들을 앞장세우고 그 뒤를 바짝 지켰다. 그때 놈이 빠른 속도로 달려들었고, 담대는 놈에게 전투를 선포했다.벧전 5:8-9 하지만 놈은 상대방이 죽기를 각오하고 굳세게 저항하자 뒷걸음질 치며 더 이상 다가오지 않았다.

담대가 대답했다. "두려워하지 마세요. 가만히 있으면 이놈도 금방 사라질 겁니다." 어차피 제대로 가기 힘든 상황이라 순례자들은 더 이상 가지 않고 그곳에 머물러 있었다. 그 순간, 저만치서 적들이 큰 소리를 내며 달려오는 소리가 똑똑히 들렸다. 구덩이에서 솟아나는 불길과 검은 연기도 똑똑히 보였다.

이에 크리스티아나는 긍휼에게 말했다. "불쌍한 우리 남편이 얼마나 힘든 시간을 보냈는지 이제야 알겠어요. 이곳에 관한 이야기는 많이 들었지만 막상 직접 와 보니……. 아, 가여운 양반! 밤에 그것도 혼자서 이런 곳에 왔다니. 이곳을 지나느라 거의 밤을 꼬박 새웠다는데, 아마도 이 악마들이 남편을 갈가리 찢으려고 끈질기게 괴롭혔겠지요? 많은 사람이 이곳에 관해 이야기하지만 직접 와 보기 전까지는 사망의 음침한 골짜기가 어떤 곳인지 상상도 못 할 거예요. '마음의 고통은 자기만 알고, 마음의 기쁨도 남이 나누어 가지지 못한다'라는 말씀이 있지요.[잠 14:10, 새번역] 이곳은 과연 무시무시하네요."

담대 ⁄ 혹시 지금 한없이 넓은 바다 한복판에서 허우적거리거나 깊은 물속으로 빠져드는 것 같나요? 혹은 낭떠러지 아래로 떨어지는 기분이 들 수도 있어요. 사방에서 빗장이 우리를 에워싸는 것만 같을 겁니다. 하지만 "흑암 중에 행하여 빛이 없는 자라도 여호와의 이름을 의뢰하며 자기 하나님께 의지할지어다"라는 말씀이 있어요.[사 50:10] 앞서 말했듯이, 저는 이 골짜기를 여러 번 지나갔습니다. 지금보다 훨씬 더 힘든 상황에 처한 적도 많고요. 하지만 보다시피 이렇게 살아 있어요. 제 자랑을 하려는 게 아닙니다. 제 힘으로 제가 저를 구원한 것이 아니기 때문이에요. 우리는 반드시 구원받을 겁니다. 자, 우리의 어두움을 밝혀 주시고 이놈들뿐 아니라 지옥의 모든 악마를 꾸짖어 달라고 하나님께 기도합시다.

순례자들은 하나님께 울며 간절히 부르짖어 기도했다. 그러자 하나님은 즉시 빛과 구원을 보내 주셨다. 구덩이를 비롯해서 그들의 길을 가로막는 모든 것이 사라졌다. 하지만 아직 골짜기를 다 지난 것은 아니었다. 계속해서 길을 걸어가는데, 갑자기 도저히 참을 수 없는 극심한 악취가 코끝을 찔렀다. 긍휼은 코를 움켜쥐며 크리스티아나에게 말했다. "좁은 문이나 해석자의 집, 혹은 우리가 얼마 전에 머물렀던 집에서 느꼈던 기분 좋은 것들이 이곳에는 하나도 없네요."

그러자 사무엘이 말했다.

사무엘 ─ 그래도 이곳에 계속 머물 건 아니니까 그나마 괜찮아요. 우리는 분명, 여길 지나갈 거잖아요. 그리고 우리를 위해 준비된 집으로 가는 길에 이곳을 지나가야 하는 이유 한 가지는 아마도…… 그 집이 얼마나 좋은지를 더 분명히 느끼게 하기 위함인 것 같아요.

담대 ─ 말 잘했다, 사무엘. 이제 정말 대장부답게 말하는구나.

사무엘 ─ 여기서 벗어나면 빛과 선한 길을 예전보다 훨씬 더 소중히 여길 것 같아요.

담대 ⁄ 그래, 곧 이 길을 벗어나게 될 거야.

계속해서 길을 가다가 요셉이 물었다.

요셉 ⁄ 골짜기 끝은 아직도 멀었나요?

담대 ⁄ 얘야, 발밑을 조심하거라. 곧 사방이 덫 천지로 변할 거야.

순례자들은 덫을 피해 발걸음을 조심스레 한 걸음씩 옮겼지만 어디선가 불쑥 나타날 덫을 생각하니 잔뜩 움츠러들었다. 마침내 사방이 덫투성이인 지역에 들어섰다. 그 한복판에 이르자 갈가리 찢긴 채 왼쪽 도랑에 빠져 있는 시신이 눈에 띄었다.

담대가 그 시신을 가리키며 말했다. "저 사람은 이름 그대로 부주의한 사람Heedless이에요. 이 길을 가던 사람인데 오랫동안 저렇게 방치되어 있습니다. 길을 같이 가던 주의 깊은 사람Take-heed도 있었는데, 저 사람이 잡혀서 죽었을 때 주의 깊은 사람은 겨우 탈출했지요. 여기서 얼마나 많은 사람이 죽었는지 상상도 못 할 걸요. 그런데도 여전히 사람들은 순례를 쉽게 생각한 나머지 어리석게도 안내자 없이 길을 나서곤 한답니다. 가여운 크리스천! 그가 이곳을 탈출한 것은 그야말로 기적입니다. 그가 하나님께 큰 사랑을 받았고 스스로도 선한 마음을 지니고 있었기 때문입니다. 그렇지 않았다면 결코 이곳을 벗어나지 못했을 겁니다."

어느새 그 길의 끝이 가까워졌다. 크리스천이 지나가다가 동굴을 보았던 자리에 이르렀을 때 느닷없이 망치Maul라는 이름의 거인이 나타났다. 거인은 담대의 이름을 부르며 위협했다. "담대 이놈! 이런 짓을 하지 말라고 내가 몇 번이나 경고했느냐?"

그러자 담대가 말했다. "내가 뭘 했길래 그러느냐?"

망치 ⁄ 뭘 했냐고? 그걸 몰라서 묻는 거냐? 어쨌든 다시는 이 짓을 못 하게 해 주마.

담대 ⁄ 싸우기 전에 우리가 왜 싸워야 하는지나 알고 싸우자.

여인들과 소년들은 무서워 벌벌 떨며 어찌할 바를 몰랐다.

거인이 크게 소리쳤다.

망치 ⁄ 너는 이 나라 것을 훔치고 있어! 가장 악질적인 도둑질을 하고 있단 말이다!

담대 ⁄ 도대체 무슨 말이냐? 알아듣기 쉽게 정확히 말해 봐라.

망치 ⁄ 네가 지금 이 나라 여인들과 아이들을 납치해서 이상한 나라로 데려가고 있잖아. 너 때문에 내 주인의 나라가 약해지고 있단 말이다.

담대 ⁄ 나는 천국 하나님의 종이고, 내 임무는 죄인들이 회개하도록 설득하는 것이다. 나는 모든 인간을 어둠에서 빛으로, 사탄의 손아귀에서 벗어나 하나님 품으로 이끌라는 명령을 받았다. 네가 말하는 그것이 싸워야 하는 이유라면 당장 덤벼라. 얼마든지 상대해 주마!

망치 거인이 다가오자 담대도 그에 맞서 앞으로 나아갔다. 검을 뽑아 든 담대와 곤봉을 휘두르기 시작한 거인은 입씨름을 멈추자마자 바로 싸움에 돌입했고, 거인의 첫 번째 가격에 담대는 그만 한쪽 무릎을 꿇고야 말았다. 그 모습을 본 여인들과 소년들은 놀란 나머지 비명을 질렀다. 하지만 담대는 다시 있는 힘껏 검을 휘둘러 거인의 팔에 상처를 냈다. 그때부터 한 시간가량 치열한 전투가 벌어졌고, 거인의 콧구멍에서는 마치 끓는 솥처럼 뜨거운 김이 훅훅 뿜어져 나왔다. 치열한 싸움 중에 양측이 잠시 숨을 고르는 동안 담대는 그 잠깐 사이에도 기도를 했다. 여인들과 아이들은 전투가 시작된 후로 쭉 그저 한숨만 쉬며 울고 있었다.

두 사람은 다시 맞붙었다. 담대의 온 힘을 실은 일격에 거인은 그대로 땅바닥에 나동그라졌다. 다급해진 거인이 말했다. "잠깐! 내가 정신을 차릴 때까지 조금만 기다려!" 담대는 거인이 일어설 때까지 기다려 주었다. 잠시 후 그들은 다시 맞붙었고, 빗나갔으니 망정이지 거인이 휘두른 곤봉에 하마터면 담대의 머리뼈가 부서질 뻔했다.

순간, 담대는 전력을 다해 달려들어 거인의 다섯 번째 갈빗대 아래에 검을 푹 찔러 넣었다. 거인은 더 이상 곤봉을 잡지도 못할 정도로 비틀거리기 시작했다. 담대는 기세를 몰아 두 번째 공격을 감행했고 마침내 거인의 목을 베었다. 그 모습에 여인들과 소년들은 환호를 질렀고, 담대도 구해 주신 하나님께 찬양을 올려 드렸다.

상황이 종료되자 그들은 그곳에 기둥 하나를 세우고 기둥에 거인의 목을 매달았다. 그리고 지나가는 사람들이 읽을 수 있도록 그 아래에 다음과 같은 글을 적어 놓았다.

> 이 머리의 주인은
> 순례자들을 괴롭히던 자였다.
> 순례자들의 길을 무조건 막고
> 한 명도 빠짐없이 괴롭혔다.
> 하지만 이제 순례자들의 안내자인
> 나 담대가 일어나
> 순례자들의 적인
> 그놈을 무찔렀다.

내가 꿈에서 보니, 순례자 일행은 순례자들을 위한 전망대(이곳은 크리스천이 작은 믿음Little-faith 형제를 처음 본 곳이다)로 향하는 오르막길을 오르고 있었다. 산꼭대기 전망대에 도착한 그들은 그곳에 편히 앉아 음식을 먹고 마시며 쉼을 즐겼다. 그들은 지독히 위험한 적에게서 무사히 벗어난 것을 무척이나 기뻐했다. 쉬던 중 크리스티아나는 담대에게 혹시 아까 전투하다가 다친 곳은 없는지 물었다. 그러자 담대는 이렇게 말했다. "괜찮습니다. 살갗이 조금 까진 것밖에는 아무 이상 없습니다. 이 상처도 저한테 해가 되기보다 주님과 여러분을 향한 제 사랑의 증거일 뿐이며, 이로 인해 제가 나중에 받을 상급이 더 커질 겁니다."

크리스티아나 ╱ 그런데 그 망치 거인이 곤봉을 들고 달려오는 모습을 보고 무섭지 않으셨나요?

담대 ╱ 전혀요. 저는 제 능력이 아니라 누구보다도 강하신 분을 의지하거든요.[고후 4장]

크리스티아나 ╱ 하지만 처음 거인의 공격에 쓰러지셨을 때 어떤 생각이 드셨는지 궁금해요.

담대 ╱ 제 주인께서도 고난당하셨지만 결국 이기셨음을 떠올렸습니다.

마태 ╱ 다들 많은 생각을 하셨겠지만 저는 우리를 이 골짜기와 그 적의 손에서 구해 주신 하나님께 너무 감사하다는 생각을 했어요. 이제 더 이상 우리 하나님을 의심할 이유가 없을 것 같아요. 하나님은 우리에게 사랑의 증거를 충분히 주셨다고 생각해요.

이윽고 순례자 일행은 그 자리에서 일어나 다시 길을 떠났다. 얼마 지나지 않아 저 앞에 상수리나무 한 그루가 보였다. 그곳에 이르니 한 나이 지긋한 순례자가 곤히 잠들어 있는 것이 보였다. 순례자 일행은 그의 차림새과 지팡이, 허리띠를 보고는 그 역시 순례자라는 사실을 단박에 알아차렸다. 안내자 담대가 깨우자 그 노신사는 눈을 뜨고 놀라 소리쳤다. "무슨 일이오? 당신들은 누구요? 무슨 일로 여길 왔소?"

담대 ― 어르신, 진정하세요. 우리는 다 어르신의 친구입니다.

하지만 그는 벌떡 일어나 방어 자세를 취하더니 엄한 목소리로 정체를 밝히라고 말했다. 그러자 담대가 말했다. "제 이름은 담대입니다. 천국으로 향하는 이 순례자들의 안내자이지요."

노신사 ― 아이고, 미안하오. 얼마 전에 작은 믿음의 돈을 강탈해 간 자들과 같은 패거리인 줄 알았소. 지금 다시 보니 정직한 분들 같구려.

담대 ― 우리가 그 패거리라면 어떻게 하시려고 했나요? 혼자 방어하실 수나 있으시겠어요?

노신사 ― 물론이오. 숨이 붙어 있는 한 끝까지 싸울 거요. 내가 끝까지 싸우면 나를 쓰러뜨리지는 못할 거요. 신앙인은 스스로 포기하지 않는 한 결코 무너지지 않으니까 말이오.

담대 ― 어르신, 옳은 말씀입니다. 진리를 말씀하시는 걸 보니 옳은 분이 분명하군요.

노신사 ― 당신도 순례자가 어떤 사람인지 잘 아는 분 같구려. 다른 사람들은 다 우리를 쓰러뜨리기 쉬운 사람으로 여긴다오.

담대 ― 이렇게 만난 것도 보통 인연이 아닌데, 어르신 성함 좀 알려 주시지요. 고향이 어디신지도 궁금합니다.

노신사 ─ 이름은 밝히기 좀 그렇소만, 고향은 우매Stupidity 마을이오. 멸망의 도시에서 4리쯤 떨어진 곳에 있소.

담대 ─ 아, 그 마을 분인가요? 그렇다면 혹시 어르신 성함이 정직 아닙니까?

그 말에 노신사는 얼굴이 붉어졌다.

정직 ─ 정직은 무슨. 그냥 이름만 정직일 뿐이오. 이름처럼 성품도 정직했으면 좋겠소만. 그건 그렇고, 내가 그곳 출신이라는 소리만 듣고서 어떻게 내 이름을 알았소?

담대 ─ 전에 제 주인께 어르신에 관한 이야기를 들은 적이 있습니다. 제 주인께서는 세상에서 벌어진 일을 다 알고 계시거든요. 그런데 사실 저는 어르신 고향에서 순례자가 나올 수 있을까 하는 생각을 자주 했답니다. 그 마을은 멸망의 도시보다 더 악하니까요.

정직 ─ 그렇소. 태양에서 더 멀리 떨어져 있는 우리 마을 사람은 죄다 냉담하고 어리석기 그지없소. 하지만 의로운 태양이 떠오르기만 하면 얼음산에 사는 사람의 언 마음도 녹아내릴 수 있소. 내가 바로 그런 경우지.

담대 ─ 네, 어르신, 그럴 수 있다고 믿습니다. 정말 그럴 수 있지요.

정직은 모든 순례자에게 사랑의 거룩한 입맞춤으로 인사하고 이름을 물었다. 그리고 순례를 시작한 뒤 어떤 일이 있었는지 궁금해했다.

크리스티아나 ∕ 제 이름은 들어 보셨을지도 모르겠어요. 선한 크리스천이 제 남편이랍니다. 여기 네 아이는 크리스천의 아들들이고요.

그 말에 정직은 놀라 넘어질 뻔했다. 그는 좋아서 펄쩍펄쩍 뛰면서 환한 웃음으로 크리스티아나 가족을 몇 번이나 축복했다.

정직 ∕ 남편 분에 관해서는 귀에 못이 박이도록 숱하게 들었소. 남편 분이 순례 길에 어떤 일을 겪었는지 너무나 잘 알고 있다오. 이 지역에서 남편 분의 명성이 자자하니 자부심을 가져도 좋을 것 같구려. 보기 드문 믿음과 용기와 끈기, 진실함으로 남편 분의 이름은 이미 유명하다오.

그는 이번에는 네 아들에게로 몸을 돌려 이름을 물었다. 아들들이 이름을 모두 말하고 나자 한 사람씩 일일이 축복해 주었다.

정직 ∕ 마태야, 너는 세리 마태처럼 되되 나쁜 점이 아닌 좋은 점을 본받으렴.[마 10:3] 사무엘아, 너는 믿음과 기도의 사람이었던 사무엘 선지자처럼 되렴.[시 99:6] 요셉아, 너는 보디발 집의

요셉처럼 유혹을 피해 도망치는 순결한 사람이 되렴. 창 39장
야고보야, 너는 의인 야고보, 우리 주님의 형제 야고보처럼
되렴. 행 1:13

그들은 긍휼이 어떻게 자신의 고향과 일가친척을 떠나 크리스티아나 가족과 동행하게 되었는지를 이야기했다. 그 모든 이야기를 들은 정직은 이렇게 말했다. "긍휼이 그대의 이름이오? 마침내 긍휼의 근원이신 분을 보는 그날까지 도중에 닥칠 모든 어려움을 그분이 주신 긍휼로 헤쳐 나가기를 바라오."

노신사 정직이 이 말을 하는 내내 안내자 담대는 몹시 흐뭇해하며 긍휼을 향해 미소를 지어 보였다.

이들이 함께 걸어가다가 담대는 정직에게 그의 고향에서 순례를 시작했던 두려움 씨Fearing를 아는지 물었다.

정직 ⁄ 알다마다. 아주 잘 안다오. 그 친구는 뿌리는 있는 사람이었지만 내 평생 본 순례자 중에서 가장 골치 아픈 사람 중 하나요.

담대 ⁄ 그의 문제점을 아주 정확하게 지적하시는 걸 보니 그를 확실히 아시는 것 같군요.

정직 ⁄ 잘 아는 친구요! 우리는 단짝 친구였소. 우리는 늘 붙어 다녔다오. 그가 장차 우리에게 닥칠 일에 관해서 처음 생각하기 시작할 때도 우리는 함께 있었소.

담대 ╱ 저는 그를 제 주인의 집에서 천성 문까지 데려가는 임무를 맡았던 안내자입니다.

정직 ╱ 그러면 그가 문제가 많다는 점을 알겠구려?

담대 ╱ 네, 하지만 참을 수 있었어요. 제가 맡은 순례자 중에는 그런 분이 적잖이 있었거든요.

정직 ╱ 그 친구에 관한 이야기 좀 해 주시오. 그가 그대의 안내에 따라 어떤 식으로 순례를 했는지 궁금하구려.

담대 ╱ 두려움 씨는 자신이 가려는 곳에서 자신을 받아 주지 않을까 봐 늘 전전긍긍했지요. 그곳에서 자신을 조금이라도 반대한다는 말을 들으면 금방 풀이 죽어서 주저앉았답니다. 절망의 늪에 빠져 한 달 넘게 신음 소리를 내기도 했습니다. 그는 여러 사람이 자신을 지나쳐 가는 것을 보고도 그저 쳐다만 보고 있었어요. 그들이 함께 가자고 손을 내밀어도 용기를 내지 못했답니다. 그렇다고 돌아가려 하지도 않았고요. 아니, 돌아가기를 한사코 거부했습니다.

그는 천성에 가지 못할 바엔 차라리 죽는 편이 낫다고 말했어요. 그러면서도 난관에 부딪힐 때마다 낙심하고 길에 누가 던진 지푸라기만 나타나도 여지없이 걸려 넘어졌지요. 그렇게 절망의 늪에 한참 빠져 있던 그는 어느 화창한 날 아침에 마침내 늪에서 빠져나왔답니다. 어떻게 나왔는지는 잘 모르겠지만 말이에요. 하지만 그는 빠져나오고도 자신이 그 늪에서 나왔다는 사실을 한참이나 믿지 못했어요. 아마도 절망의 늪이 아예 그의 마음속으로 들어가 버렸던 것 같아요. 그렇게 그는 어디를 가나 마음속에 그 늪을 품고 다녔지요. 그렇지 않다면 그렇게 행동했을 리가 없습니다.

어쨌든 우여곡절 끝에 그는 그 좁은 문에 도착했답니다. 아시지요? 이 길의 출발점에 있는 그 문. 그는 거기서도 한참을 머뭇거리며 서 있고 나서야 겨우 용기를 내서 문을 두드렸답니다. 그런데 문이 열리자 이번에는 자신에게는 자격이 없다며 사양하고서 다른 사람들에게 양보했지요. 그래서 두려움 씨보다 나중에 그곳에 도착한 다른 많은 순례자들이 그보다 먼저 그 문으로 들어갔답니다. 불쌍한 그는 계속 밖에 서서 몸을 움츠린 채 바들바들 떨고 있었지요. 그 모습을 보면 누구라도 불쌍히 여겼을 겁니다. 그런데도 그는 집에는 돌아갈 생각조차 없었어요.

결국 그러다 그가 문에 걸린 작은 쇠 방울을 이용해 다시 가볍게 한두 번 두드렸고, 안에서 문을 열어 주었습니다. 하지만 이번에도 그는 뒷걸음질 쳤어요. 문을 열어 준 사람이 다가와 말했지요. "거기 떨고 있는 이여, 원하는 게 무엇인가?" 그 말에 급기야 그는 땅바닥에 쓰러졌어요. 문을 열어 준 사람은 그가 기절한 줄 알고 격려하며 말했습니다. "걱정하지 말라. 그대에게 문을 열어 준 것이니 어서 들어오라. 그대는 복받은 자다." 그 말에 그는 옷을 털고 일어나면서도 여전히 떨었습니다. 안에 들어와서도 그는 부끄러워서 얼굴을 들지 못했어요. 그럼에도 불구하고 거기서 그는 융숭한 대접을 받았답니다. 그곳의 환대가 어떠한지는 다들 경험해서 잘 아시지요?

그는 거기서 한동안 잘 지낸 뒤 이제 그만 가야 할 길을 가라는 말을 들었습니다. 어느 길로 가야 할지 정보도 얻었지요. 그렇게 다시 여행길을 떠난 그는 이윽고 우리 집에 이르렀답니다. 하지만 그는 제 주인이신 해석자의 집 문 앞에서도 좁은 문에서처럼 똑같이 굴었답니다. 그는 추운 바깥에서 한참을 떨었어요. 그렇다고 돌아갈 생각도 없었지요. 당시는 밤이 길고 추위가 매서운 계절이었는데, 글쎄, 제 주인께 보내는 추천서를 품에 간직하고서도 그러고 있었다니까요.

그 편지에는 '그를 받아 주고 편히 쉬게 한 뒤, 그는 심약한 사람이니 강하고 용감한 안내자를 붙여 주라'는 부탁의 글이 적혀 있었지요. 그는 계속해서 문 두드리는 일을 두려워했어요. 문 앞에서 일어났다가 눕기를 반복하던 그는 거의 굶어 죽을 지경에 이르렀지요. 어찌나 마음이 약했던지 사람들이 문을 두드리고 들어가는 걸 보고도 용기를 내지 못했답니다.

그런데 어쩌다 제가 창밖을 내다보는 중에 한 남자가 문 근처에서 일어섰다 눕기를 반복하는 모습을 발견하게 되었지요. 보다 못한 저는 밖으로 나가 그에게 누구냐고 물었어요. 그러자 이 가여운 남자의 눈에 눈물이 맺히지 뭡니까. 그가 무엇을 원하는지 단번에 알겠더라고요. 그래서 집 안으로 들어가 주인께 상황을 말씀드렸더니 얼른 나가서 그를 데리고 오라고 하셨지요. 그를 데리고 들어오느라 진땀을 뺐습니다.

마침내 그가 들어오자 제 주인께서는 그를 정말 극진히 대접하셨답니다. 식탁에는 좋은 음식이 몇 가지 있었는데 그 중 일부를 따로 그의 접시에 챙겨 주셨어요. 식사 후 그가 꺼낸 편지를 읽은 제 주인께서 그 부탁을 들어주겠다고 말씀하셨습니다.

그는 그곳에 머무는 동안 용기를 얻고 마음이 조금은 평안해진 것 같았어요. 제 주인은 마음이 정말 푸근한 분이시거든요. 두려움에 떠는 사람들에게 특히 자상하시지요. 제 주인께서는 그에게 격려하시며 가까이 다가가 주셨습니다. 그가 그곳에 있는 것들을 보고 나서 천성을 향해 다시 나아갈 때가 되자 제 주인께서는 전에 크리스천에게 해 주셨던 것처럼 음료수 한 병과 먹기 좋은 약간의 음식을 주셨어요. 그때부터는 제가 앞장서서 같이 길을 떠났지요. 그런데 그는 거의 아무 말도 하지 않은 채 계속해서 크게 한숨만 지었습니다. 세 사람이 목매 달린 곳에 이르자 그는 자신도 그런 결말을 맞을지 모르겠다고 두려워했어요. 그런데 십자가와 무덤을 보았을 때만큼은 얼굴에 화색이 돌더군요. 그는 거기 머물며 좀 더 자세히 살펴보고 싶어 했어요. 잠시 후 그는 약간 기운을 차린 것처럼 보였답니다. 그러더니 곤고의 산에 도착했을 때는 별로 불안해하지도 않고 사자도 두려워하지 않았습니다. 그의 두려움은 이런 것과는 상관없었기 때문입니다. 그의 두려움은 사실 거부당할까 하는 마음에서 비롯된 두려움이었어요.

아름다움 저택에 도착했는데, 두려움 씨는 아직도 마음의 준비가 되지 않은 것 같았어요. 그가 그곳 아가씨들과 친해지게 하려 제가 애썼지만 그는 사람들과 어울리는 것을 부끄러워했어요. 혼자 있는 걸 좋아했지요. 하지만 유익한 이야기에는 관심이 많았는지 병풍 뒤에서 이야기를 엿듣곤 했어요. 그는 옛것을 보는 것을 좋아했고 자주 그것들을 마음 깊이 묵상했답니다. 나중에 그는 두 집, 그러니까 좁은 문의 집과 해석자의 집에 들어가고 싶었지만 용기가 없어서 들여보내 달라고 부탁도 못 했다고 고백하더군요.

아름다움 저택에서 나와 겸손의 골짜기까지 산을 내려가는데 그는 내가 본 어떤 사람보다도 잘 내려가더군요. 그는 나중에 행복해질 수만 있다면 지금은 아무리 낮아져도 상관없다고 생각하는 사람이었기 때문이에요. 그 골짜기와 그가 잘 맞았던 것 같아요. 그와 순례하면서 그가 그 골짜기에 있을 때만큼 즐거워 보인 적이 없었거든요.

거기서 그는 땅에 눕기도 하고 땅을 끌어안기도 하면서, 그 언덕에서 피어나는 꽃들에 입 맞추며 즐거워했답니다. 그는 매일같이 동이 트자마자 일어나서는 그 골짜기를 이리저리 거닐었어요. 애 3:27-29

그런데 사망의 음침한 골짜기 입구에 와서는 정말 꼼짝없이 그를 잃는 줄만 알았습니다. 그가 돌아가려고 했기 때문은 아닙니다. 돌아가는 건 죽기보다 싫어했지요. 그러나 어찌나 공포에 심하게 사로잡혔던지 그야말로 숨넘어가는 줄 알았어요. "아, 도깨비들이 나를 잡아먹을 거야! 도깨비들이 기어이 나를 잡아먹을 거라고!" 그는 그렇게 울부짖으며 무서워 벌벌 떨었지요. 아무리 달래도 소용 없었어요. 그가 얼마나 시끄럽게 떠들던지, 실제로 도깨비가 있다면 오히려 그 소리를 듣고 찾아올 것 같더라니까요.

그런데 좀 이상한 점이 있었어요. 그가 그 골짜기를 지나는 동안에는 너무도 조용했다는 거예요. 그 전에도 그 후로도 그 골짜기가 그렇게 고요한 적은 처음 봤어요. '이곳 적들이 두려움 씨가 지날 때까지 난동부리지 말라고 우리 주님께 특별한 명령을 받았나' 하는 생각이 들 정도였다니까요.

두려움 씨에 관한 이야기를 일일이 다 하자면 너무 지루할 겁니다. 그러니 한두 가지만 더 말하고 마칠게요. 헛됨의 시장에 도착했을 때 그는 아무나 붙잡고 싸울 것처럼 굴었어요. 아니, 그가 사람들의 어리석음을 어찌나 심하게 나무라는지 우리 둘 다 얻어맞지나 않을까 걱정되더라고요. 다행히 마법의 땅Enchanted Ground에서는 정신을 똑바로 차렸습니다. 하지만 다리가 없는 강에 도착해서는 다시 우울해졌어요. 그는 '먼 길을 마다하지 않고 왔는데 이제 꼼짝없이 물에 빠져서 보고 싶던 그분의 얼굴을 보지 못하게 되겠구나' 하고 두려워했지요.

그런데 이번에도 정말 특별한 일이 벌어졌어요. 그 강의 수위가 놀랄 정도로 낮아졌지 뭡니까? 내 평생에 그 강의 수위가 그렇게까지 낮아진 건 처음 봤어요. 덕분에 그는 몸도 별로 젖지 않은 채로 그 강을 건너갔답니다. 그가 문을 향해 올라가자 저는 작별을 고하며 그가 위에서 환대받기를 빌어 주었지요. 그는 "그럴 거예요, 그럴 거예요"라고 말했습니다. 그렇게 헤어진 뒤로 다시는 그를 보지 못했습니다.

정직 ∕ 그렇다면 결국 그는 잘된 것 같구려.

담대 ∕ 물론이지요. 그 점에 관해서는 의심해 본 적이 없어요. 그는 누구보다도 뛰어난 영의 소유자였어요. 다만 항상 자신을 너무 낮게 본 탓에 스스로 힘들고 다른 사람에게 부담을 주었지요.[시 88편] 무엇보다도 그는 죄에 민감했어요. 그는 다른 사람들에게 피해를 줄까 봐 극도로 조심했답니다. 괜히 다른 사람의 기분을 상하게 할까 싶어, 해도 되는 것까지 하지 않을 때가 많았어요.[롬 14:21; 고전 8:13]

정직 ∕ 하지만 그토록 선한 사람이 왜 평생 그토록 지독한 어둠 속에서 살아야 했을꼬?

담대 ─ 거기에는 두 가지 이유가 있어요. 하나는, 지혜로운 하나님께서 그렇게 만드신 거예요. 피리를 부는 사람이 있으면 우는 사람도 있어요. 마 11:16-18 두려움 씨는, 말하자면 베이스를 연주한 사람이에요. 그와 같은 사람들은 다른 악기들보다 구슬프게 들리는 저음의 악기를 연주하지요. 사실, 베이스가 음악의 기초라고 말하는 이들도 있습니다. 개인적으로 저는 무거운 마음에서 우러나오지 않은 고백은 쳐다보지도 않습니다. 음악가들이 악기를 조율할 때 가장 먼저 치는 줄은 주로 베이스예요. 하나님도 영혼을 그분의 음에 맞게 조율하실 때 이 줄을 먼저 치신답니다. 다만 두려움 씨의 문제점은 거의 마지막까지 이 음 외에는 아무것도 연주하지 못했다는 것이지요.

젊은 독자들의 이해에 깊이를 더하기 위해서, 또한 요한계시록에서 구원받은 자들을 보좌 앞에서 나팔을 불고 거문고를 타고 노래를 부르는 음악가 무리에 빗대고 있기 때문에 여기서 비유적으로 말했다. 계 8:2; 14:2-3

정직 ─ 그대의 말을 들어 보니, 두려움 그 친구가 신앙의 열심이 실로 대단했던 사람이었구려. 곤고의 산이나 사자들, 헛됨의 시장까지, 그는 그 무엇도 두려워하지 않았으니 말이오. 그가 두려워한 것은 오직 죄와 죽음과 지옥뿐이었소. 자신이 그 천국에 들어갈 수 있을지 확신하지 못해서 그랬던 것이었구려.

담대 ⁄ 바로 그렇습니다. 그런 것들이 그를 괴롭혔던 것들입니다. 잘 지적하셨듯이, 그는 영이 약해서가 아니라 마음이 약해서 힘들어했던 것입니다. 결코 순례의 길 자체를 두려워했던 것이 아닙니다. 잠언에서처럼 횃불을 던지는 자도 그를 막지는 못할 겁니다.[잠 26:18] 하지만 그를 방해한 것들은 그 누구라도 쉽게 떨쳐 낼 수 없는 것들이지요.

크리스티아나 ⁄ 두려움 씨에 관한 이야기가 제게 큰 도움이 되었어요. 저와 같은 사람은 없다고 생각했는데 듣다 보니 이 선한 사람과 저는 꽤 닮은 구석이 많네요. 다만 두 가지 면에서만 다르네요. 그의 괴로움은 너무 커서 밖으로 표출되었지만, 저는 마음속에만 품고 있었어요. 또한 그의 괴로움은 그를 짓누른 나머지 쉴 수 있도록 마련된 집의 문조차 두드리지 못하게 만든 반면, 제 괴로움은 그 문을 더욱 세게 두드리게 했지요.

긍휼 ⁄ 저도 속에 있는 말을 좀 하고 싶어요. 제 안에도 그런 괴로움이 있었답니다. 제 경우도, 다른 것들을 잃을지 모른다는 두려움보다 낙원을 잃고 지옥의 못에 떨어질지 모른다는 두려움이 훨씬 더 컸어요. 낙원에 거하는 행복을 얻을 수만 있다면 세상 모든 것을 잃어도 상관없다고 생각했어요.

마태 ─ 저는 두려움 탓에 구원받을 수 없다고 생각했어요. 그런데 두려움 아저씨처럼 선한 분도 두려움을 품었다면, 제 안에 두려움이 있다고 해서 잘되지 못하리라는 법은 없지 않을까요?

야고보 ─ 두려움이 없으면 은혜도 없을 것 같아요. 지옥에 대한 두려움이 있다고 해서 항상 은혜가 있는 것은 아니겠지만, 하나님에 대한 두려움이 없다면 분명 은혜도 없을 거예요.

담대 ─ 네 말이 맞다, 야고보. 정확히 알고 있구나. 그래서 하나님을 두려워하는 것 곧 경외하는 것이 지혜의 시작이라는 말씀이 있단다.잠 1:7, 9:10; 시 111:10 시작이 없으면 중간도 끝도 없지. 자, 이제 두려움 씨에게 작별을 고하면서 그에 관한 이야기는 마치도록 합시다.

두려움 선생님, 당신은
하나님을 두려워했지요.
이 세상에서 사는 동안
하나님께 거부당할 만한
일을 할까 봐 두려워했지요.
지옥의 못과 구덩이를 두려워했지요.
다른 이들도 그렇다오.
그런 지혜가 없는 자들은
멸망할 것이오.

내가 보니, 그들은 계속해서 이야기를 나누며 걷고 있었다. 담대가 두려움 씨에 관한 이야기를 마치자 이번에는 정직이 다른 사람에 관한 이야기를 시작했다. 아집Self-will이라는 이름의 남자였다. 정직이 이렇게 말했다. "그는 순례자인 척했다오. 하지만 나는 그가 이 길 어귀에 있는 좁은 문으로 들어오지 않았다고 확신하오."

담대 ⁄ 그 문제에 관해서 그와 이야기를 나누신 적이 있나요?

정직 ⁄ 물론이오. 한두 번이 아니라오. 하지만 아무 소용없었지. 자기 이름처럼 끝까지 아집을 버리지 않았소. 그는 다른 사람의 주장이나 본보기를 전혀 고려하지 않았다오. 뭐든 마음 내키는 대로 하고, 하기 싫은 일은 절대 하지 않았소.

담대 ⁄ 도대체 어떤 원칙을 가진 사람이었지요? 어르신은 아실 것 같은데요.

정직 ⁄ 그는 순례자들이 선만이 아니라 악도 따라야 한다고 주장했소. 선과 악을 둘 다 행해도 분명히 구원받을 수 있다고 말이오.

담대 ⁄ 저런! "아무리 훌륭한 순례자라도 선을 행하면서 동시에 악을 저지르는 일이 가능하다"고 말했다면 사실 큰 문제가 없을 겁니다. 실제로 죄에서 완전히 자유로운 사람은 없으니까요. 늘 경계하고 노력한다면 괜찮지요. 하지만 제가 볼 때 이 경우는 달라요. 제가 어르신의 말씀을 제대로 이해했다면, 그는 죄를 지어도 된다고 생각하는 것 같군요.

정직 ─ 바로 그렇소. 그는 그렇게 믿고, 실제로 그렇게 행동했다오.

담대 ─ 도대체 무슨 근거로 그런 말을 한답니까?

정직 ─ 글쎄, 성경에서 그렇게 말한다고 했소.

담대 ─ 어르신, 구체적인 예를 몇 가지만 들어 주세요.

정직 ─ 그러겠소. 하나님께 사랑받은 다윗이 남의 아내를 취했던 사건을 언급하면서, 자기도 그래도 된다고 하지 뭐요. 솔로몬처럼 여러 여자를 거느리겠다는 말도 하더군. 사라와 애굽의 경건한 산파들도 거짓말을 했고, 라합도 거짓말을 해서 구원받았으니까 자기도 거짓말을 할 수 있다고 했소. 그뿐만이 아니오. 제자들이 예수님의 명령으로 남의 나귀를 가져갔으니 자기도 얼마든지 그럴 수 있다고 하더구려. 심지어 야곱이 거짓말과 속임수로 아버지의 유산을 차지했으니 자기도 그렇게 해도 된다고 했소.

담대 ─ 세상에! 정말로 그런 생각을 했단 말인가요?

정직 ─ 그가 성경 구절을 들먹이며 그렇게 주장하는 걸 내가 분명히 들었소.

담대 ─ 아무리 좋게 생각하려고 해도 그럴 수 없는 주장이군요.

정직 ─ 단, 오해하지는 마시오. 그는 아무나 그래도 된다고 말하지 않았소. 그런 성경 인물들의 덕목을 갖춘 사람이라면 괜찮다는 말이었소.

담대 ─ 하지만 세상에 그렇게 억지 주장은 처음 들어 봅니다. 선한 사람들이 순간의 실수로 죄를 지었다는 걸 핑계 삼아 자신은 고의로 죄를 저질러도 된다는 말처럼 들리네요. 거센 바람에 혹은 돌에 발이 걸려 넘어져 온몸이 진흙투성이가 된 아이를 보고는 자기도 일부러 넘어져서 멧돼지처럼 진흙탕에서 뒹굴어도 된다는 말이나 다름없지 않습니까. 사람이 정욕의 힘에 이렇게까지 눈이 멀어버릴 수 있다는 생각을 그 누가 했겠습니까? 하지만 과연 성경 말씀대로군요. "그들이 말씀을 순종하지 아니하므로 넘어지나니 이는 그들을 이렇게 정하신 것이라."벧전 2:8

그리고 경건한 사람이 저지른 악을 자신도 저질렀다고 해서 자신이 경건한 사람의 선을 품고 있다는 주장 역시 말도 안 되게 황당하군요. 이는 마치 냄새나는 배설물을 핥고 있는 개가 아이의 속성을 지녔다고 말하는 것이나 다름없어요. 자신이 하나님의 백성처럼 죄악에 마음을 두었다고 해서 자신이 하나님 백성들의 선도 품고 있다고 말하는 거지요.호 4:8 이런 주장을 펼치는 자라면 그 안에 도무지 믿음이나 사랑이 있을 것 같지 않군요. 어르신께서 그에게 따끔하게 훈계했을 줄 압니다. 그가 뭐라고 반응하던가요?

정직 ⁄ 생각과 행동이 일치하는 것이 생각과 행동이 딴판인 것보다 훨씬 정직한 거 아니냐고 되물었소.

담대 ⁄ 정말 악랄한 답변이군요. 죄를 짓고 싶지 않은데 주체 못 할 정욕에 원치 않게 넘어가는 것도 나쁘지만, 일부러 죄를 지어도 된다고 주장하는 것은 훨씬 나쁘지요. 전자는 보는 사람들을 실족하게 만들지만, 후자는 사람들을 현혹해 덫으로 몰아가지 않습니까.

정직 ╱ 입 밖으로 내지 않을 뿐 속으로 이 사람과 같은 생각을 하는 사람이 많소. 그런 자들 때문에 순례의 삶이 이토록 존경받지 못하고 있는 거라오.

담대 ╱ 맞는 말씀입니다. 통탄할 일이지요. 하지만 낙원의 왕을 두려워하는 자는 그런 자들의 무리에서 벗어나게 될 겁니다.

크리스티아나 ╱ 세상에는 정말 이상한 주장을 하는 사람이 많아요. 글쎄 어떤 사람은 죽기 직전에 회개해도 시간이 충분하니 서두를 것 없다고 말하지 뭐예요.

담대 ╱ 별로 지혜로운 생각처럼 보이지 않네요. 목숨을 구하기 위해 일주일간 30킬로미터를 달려야 한다면, 그 일주일의 마지막 시간까지 출발을 미룰 사람은 세상 어디에도 없을 겁니다.

정직 ╱ 맞는 말이오. 순례자를 자처하는 사람 중에 그런 사람이 수두룩하오. 보다시피 나는 노인이고, 오랫동안 이 길을 걸어오면서 그동안 많은 것을 보았소.

마치 온 세상을 정복할 것처럼 길을 나섰다가 결국 약속의 땅을 보지 못하고 불과 며칠 만에 광야에서 숨을 거두는 이들을 보았고, 반면, 처음 순례의 길을 떠날 때는 아무것도 장담하지 못하고 하루도 못 버틸 것처럼 굴었지만 끝내는 정말 훌륭한 순례자의 면모를 드러낸 이들도 있었소.

의욕 넘치게 달려갔다가 얼마 안 가서 갈 때만큼 빠르게 되돌아간 이들도, 처음에는 순례자의 삶을 좋게 이야기하다가 이내 그 삶에 관해 온갖 불평을 터뜨리는 이들도 보았다오.
낙원을 향해 출발할 때는 그런 곳이 있다고 희망차게 말하다가 막상 그곳에 거의 다다르자 그런 곳은 없다며 발길을 돌린 이들에 관한 소문도 숱하게 들었소.
누구라도 길을 막으면 가만두지 않겠다고 큰소리를 떵떵 치지만 별것도 아닌 일에 기겁해서는 신앙이고 순례자의 길이고 뭐고 다 내던지고 도망친 자들도 있다고 하더구려.

그들이 이런저런 이야기를 하며 걸어가고 있는데 한 사람이 그들 쪽으로 급하게 달려오며 말했다. "여보시오, 살고 싶다면 어서 몸을 돌려 빨리 달아나시오! 저 앞에 강도들이 있소!"

담대 ⁄ 전에 작은 믿음을 공격한 그 세 강도인가 봅니다. 하지만 우리는 다 대비했으니 아무 걱정이 없습니다.

그렇게 그들은 가던 길을 계속해서 갔다. 강도들을 만날 법한 지점에서 사방을 둘러보았지만 담대에 관한 소문을 들었는지 아니면 다른 볼일이 있는 건지 악당들은 코빼기도 보이지 않았다.

"그래도 이곳에 계속 머물 건 아니니까
그나마 괜찮아요.
우리는 분명, 여길 지나갈 거잖아요.
그리고 우리를 위해 준비된 집으로 가는 길에
이곳을 지나가야 하는 이유 한 가지는 아마도……
그 집이 얼마나 좋은지를
더 분명히 느끼게 하기 위함인 것 같아요."

"여기서 벗어나면 빛과 선한 길을 예전보다 훨씬 더 소중히 여길 것 같아요."

"그래, 곧 이 길을 벗어나게 될 거야."

흑암 중에 행하여 빛이 없는 자라도
여호와의 이름을 의뢰하며
자기 하나님께 의지할지어다.
이사야 50장 10절

CHAPTER 7

영적 행렬이 지나간 자리마다 빛이 남다

현대 교회가 잃어버린 진실

순례자 일행, 가이오, 좋은 맛, 선 죽이기, 약한 마음, 뵈뵈, 멈추기 직전, 나손, 은혜, 마르다, 통회, 거룩한 사람, 성도 사랑, 거짓 없음, 회개, (옳지 않음)

몹시 지친 상태에 있던 크리스티아나가 아이들과 함께 묵을 여관을 찾자, 정직이 한 군데를 추천해 주었다. "여기서 조금만 더 가면 여관이 있소. 더없이 훌륭한 제자이신 가이오Gaius가 운영하는 곳이라오."롬 16:23

노신사 정직이 그토록 칭찬하니 모두 거기서 묵기로 결정했다. 여관 문 앞에 도착하자 여관 문을 두드리지 않는 그곳 풍습에 따라 그들은 문을 두드리지 않고 바로 들어갔다. 그들은 여관 주인을 불렀고 이를 듣고 달려 나온 주인에게 하룻밤 묵을 수 있는지 물었다.

가이오 ⸝ 물론입니다. 여러분이 진실한 사람이라면 어서 들어오세요. 저희 집은 바로 순례자들을 위한 집이랍니다.

여관 주인이 순례자들을 아끼고 사랑하는 사람이라는 사실에 크리스티아나와 긍휼과 아들들은 더욱 기뻤다. 그들이 방을 요청하자 주인은 크리스티아나 가족과 긍휼을 한 방으로 안내하고, 안내자 담대와 노신사 정직에게는 다른 방을 보여 주었다.

담대 ⁄ 선한 가이오 선생님, 저녁 식사가 가능할까요? 순례자들이 오늘 너무 오래 걸어서 몹시 피곤하답니다.

가이오 ⁄ 너무 늦은 시간이라 나가서 음식을 구해 오기는 힘들고…… 괜찮으시면 집에 있는 음식으로 대접해 드리겠습니다.

담대 ⁄ 집에 있는 음식으로도 충분하지요. 선생님 집에는 좋은 음식이 떨어진 적이 없다는 걸 잘 알고 있습니다.

가이오는 즉시 아래층으로 내려가 좋은 맛Taste-that-which-is-good이라는 이름의 주방장에게 순례자를 위한 저녁 만찬을 준비해 올리라고 말했다. 그러고 나서 다시 위층으로 올라와 말했다. "선한 친구 분들, 정말 환영합니다. 여러분을 대접할 수 있는 집이 있어서 얼마나 기쁜지 모르겠습니다. 괜찮으시면 저녁이 준비되는 동안 서로 좋은 이야기나 나누시지요." 그러자 모두가 한목소리로 "좋아요"라고 외쳤다.

가이오 ⁄ 이 나이 지긋한 부인은 누구의 아내 분이고, 이 아가씨는 누구의 따님이신가요?

담대 ⁄ 이 부인은 이전 시대 순례자였던 크리스천의 아내 분이고, 이 젊은이들은 그의 네 아들이랍니다. 이 아가씨는 이 부인의 이웃이고요. 부인이 설득해서 순례의 길로 나섰답니다. 아버지를 쏙 빼닮은 이 젊은이들은 아버지의 발자취를 따라가기를 간절히 원하고 있습니다. 이들은 그 옛 순례자가 쉬던 곳이나 그의 발자국을 발견할 때마다 기쁨을 감추지 못하고 아버지가 누웠던 곳에 같이 눕고 같은 길로 가고자 한답니다.

가이오 ― 아니, 이분이 크리스천의 아내 분이란 말입니까? 이들이 크리스천의 아들들이고요? 저는 부인의 시아버지, 심지어 시할아버지까지도 안답니다. 그 가문에서 선한 분들이 참 많이 나왔지요. 남편 분의 조상은 처음에는 안디옥에서 살았습니다.[행 11:26] 아마 남편 분께 들으셨겠지만 남편 분의 선조는 매우 훌륭한 분들이었습니다. 그분들은 제가 아는 누구보다도 많은 덕목과 용기를 지닌 분들이었지요. 주님과 주님의 길을 사랑하는 분들이었습니다. 진리를 위해 모든 고난을 꿋꿋이 이겨 낸 남편 분의 친척들에 관한 이야기를 많이 들었답니다.

남편 분의 첫 조상 중 한 명인 스데반은 머리에 돌을 맞아 순교했지요.[행 7:59] 같은 세대의 조상인 야고보는 칼에 맞아 순교를 당했고요.[행 12:2] 바울과 베드로는 말할 필요도 없는 인물이지요. 남편 분의 조상 중에는 사자 밥으로 던져진 이그나티우스도 있답니다. 로마누스는 살점이 뜯기는 고난을 당했고, 폴리카르푸스[폴리캅]는 화형을 언도받고 불 속에서도 당당한 모습을 보였답니다. 이외에도 뙤약볕 아래서 광주리에 갇힌 채 말벌의 먹이가 된 분도 있고, 마대에 담긴 채 바닷속에 내던져진 분도 있지요. 순례자의 삶을 사랑하여 상처와 죽음을 감내한 조상들을 일일이 다 나열하지 못할 정도입니다. 참, 남편 분이 이렇게 귀한 네 아들을 남기셨으니 얼마나 감사한지 모릅니다. 이들이 아버지를 본받아 아버지의 길을 따라가고 마침내 아버지가 다다른 목적지에 이르게 될 줄 기대합니다.

담대 ─ 맞습니다. 이들은 정말 앞날이 기대되는 젊은이들이랍니다. 기꺼이 아버지의 길로 갈 겁니다.

가이오 ─ 내 말이 그 말입니다. 분명, 크리스천의 가문은 널리 퍼져 온 땅을 가득 채울 겁니다. 크리스티아나 부인, 그런 의미에서 아들들의 짝을 찾아 주는 것이 어떻겠습니까? 그들 아버지의 이름과 가문이 세상에서 잊혀지면 안 되지 않습니까?

정직 ─ 이런 가문이 몰락해서 사라진다면 참으로 유감스러울 거요.

가이오 ─ 뭐, 몰락까지 하겠습니까? 기껏해야 숫자는 좀 줄어들겠지만 말이에요. 크리스티아나 부인, 제 말대로 하시지요. 그것이 가문을 세우는 길입니다.

그리고 부인, 이웃인 긍휼 양과 같이 오신 것이 정말 보기 좋습니다. 두 분이 정말 잘 어울려요. 그런데 긍휼 양과 더 가까운 관계로 나아가시면 어떨까요? 긍휼 양만 괜찮다면, 장남 마태 군과 짝을 맺어 주시지요. 가문의 대를 이어 가야 하지 않겠습니까.

그리하여 둘의 혼사는 정해졌고, 나중에 둘은 결혼하기에 이르렀다. 하지만 그 이야기는 나중에 더 하도록 하자.

가이오는 또 이런 말을 했다.

가이오 ― 이제부터는 여성들을 둘러싼 오해를 불식시키기 위해 여성들을 대변해 볼까 하는데요. 죽음과 저주가 여자를 통해 세상에 들어왔지만 생명과 건강 또한 여자를 통해 찾아왔습니다. 성경에 분명 "하나님이 그 아들을 보내사 여자에게서 나게 하시고"라고 기록되어 있습니다.갈 4:4 하와 이후에 태어난 여성들은 이 첫 어머니가 저지른 죄를 혐오했어요. 구약의 여성들은 혹여 자기가 세상의 구주의 어머니가 되지 않을까 하는 기대로 간절히 자식을 바랐지요. 또 한 가지, 구주가 이 땅에 오셨을 때 여인들은 남자나 천사보다 먼저 그 기쁨을 누렸습니다.눅 2장

그리고 성경에서 남자가 그리스도께 하다못해 동전 한 닢이라도 드렸다는 기록을 본 적이 없습니다. 하지만 여인들은 그분을 따라다니고 물질로나 정신으로나 그분을 지원했지요. 눈물로 그분의 발을 씻겨드린 사람도 여인이었습니다. 그분의 시신에 기름을 바르고 장례를 치른 사람도 여인이었고요. 그분이 십자가를 지고 걸어가실 때 눈물을 흘린 사람도 여인들이었고, 십자가에서부터 그분을 따라가고 그분이 장사 되실 때 그분의 무덤 앞에 앉아 있던 사람도 여인들이었습니다.눅 8:2-3; 7:37; 요 11:2; 눅 23:27 부활의 아침에 그분을 처음 맞이한 사람도 여인들이었고, 그분이 죽음에서

살아나셨다는 기쁜 소식을 제일 먼저 제자들에게 전한 사람도 여인들이었습니다.눅 24:22-23 이렇듯 여성들은 대단한 존재들입니다. 생명의 은혜를 우리와 함께 나눌 만한 자격이 충분하지요.

여기까지 말하고 나자, 주방장이 한 사람을 보내 식사 준비가 거의 끝났다고 알려 왔고, 또 다른 사람이 식탁보를 깔고 접시를 올리고 소금과 빵을 차렸다. 그걸 보고서 마태가 말했다.

마태 ⁄ 이 식탁보와 에피타이저만 봐도 입에 침이 고이네요.

가이오 ⁄ 네가 이생에서 배운 교리로 인해 위대하신 왕의 나라에서 그분의 식탁에 앉기를 더 갈망하게 되었으면 좋겠구나. 이생의 모든 설교와 책과 예식은 우리가 주님의 집에 도착했을 때 그분이 차려 주실 만찬에 비하면 상에 접시와 소금을 놓는 것에 불과하단다.

드디어 저녁 식사가 차려졌다. 먼저, 들어 올린 뒷다리 살heave-shoulder과 흔든 가슴 살wave-breast이 상에 올려졌다. 이 요리는 식사 전에 하나님께 기도와 찬양을 올려 드려야 한다는 점을 보여 주기 위한 음식이었다. 들어 올린 뒷다리 살은 다윗이 하나님께 마음을 올려 드린 것을 가리키고, 흔든 가슴 살은 그가 수금을 연주할 때마다 수금을 기댔던 가슴을 가리킨다.레 7:32-34; 10:14; 시 25:1; 히 13:15 이 두 요리는 더없이 신선하고 맛도 일품이었다. 순례자 일행은 모두 실컷 먹었다.

다음으로 나온 음식은 피처럼 붉은 포도주였다. 가이오는 순례자 일행에게 말했다. "마음껏 드세요. 이 포도주는 하나님과 사람의 마음을 흡족하게 만들어 주는 진짜 포도즙입니다." 순례자들은 이 포도주를 마시며 한없이 즐거워했다. 신 32:14; 삿 9:13; 요 15:1

그다음 요리는 잘 풀어진 우유였다. 가이오는 우유를 가리키며 말했다. "이건 아들들에게 주세요. 마시고 쑥쑥 자라게요."벧전 2:1-2

이번에는 버터와 꿀이 등장했다. 가이오는 이번에도 곁들여 말했다. "자, 마음껏 드세요. 기분이 좋아질 뿐 아니라 판단력과 이해력을 키워 주는 음식입니다. 우리 주님이 어릴 적에 드셨던 음식이지요. '그가 악을 버리며 선을 택할 줄 알 때가 되면 엉긴 젖과 꿀을 먹을 것이라.'사 7:15"

이번에는 사과가 담긴 접시가 들어왔는데 정말 먹음직스럽게 보였다. 마태가 사과를 보더니 "이건 우리의 첫 조상이 뱀에게 속아서 먹었던 과일인데 우리가 먹어도 될까요?"라며 의심의 눈초리를 보냈다.

그러자 가이오가 노래로 화답했다.

> 우리는 사과로 속임을 당했지요.
> 하지만 정작 우리의 영혼을 더럽힌 것은 사과가 아니라 죄랍니다.
> 먹지 말라는 사과를 먹으면 피가 더러워지지요.
> 하지만 먹으라는 사과를 먹으면 유익하답니다.
> 주님의 비둘기인 교회여,

그분이 주시는 포도주를 마시라.

사랑에 굶주린 자여,

그분이 주시는 사과를 먹으라.

마태 ─ 얼마 전에 과일을 잘못 먹고 고생해서 좀 망설였어요.

가이오 ─ 금지된 열매를 먹으면 병에 걸리지만 주님이 허락하신 열매를 먹으면 아무 일도 없단다.

그들이 대화하는 동안 견과가 담긴 또 다른 접시가 들어왔다. 그러자 식탁에 앉은 누군가가 견과가 약한 치아, 특히 아직 덜 자란 치아를 망가뜨린다고 말했다. 그 말을 듣고 가이오가 또다시 노래를 들려주었다.

어려운 말씀은 견과와 같아요.

뭐, 누구를 골탕 먹이려는 것은 아니겠지만

견과는 아무나 알맹이를 먹지 못하도록

껍데기로 보호하고 있지요.

껍데기를 까세요.

그러고 나서 알맹이를 먹으면 되리니.

당신을 위해 여기 이렇게 가져왔으니

깨서 드세요.

그들은 오랫동안 식탁에 앉아 즐겁게 식사를 하며 이런저런 이야기를 나누었다. 어느 순간, 노신사 정직이 입을 열었다.

정직 ⁄ 선한 주인 양반, 우리가 견과의 껍데기를 깨는 동안 수수께끼 하나 한번 풀어 보시오. "더러 미치광이 취급을 받은 한 사람이 있었는데 그는 버릴수록 더 많이 갖게 되었다."

선한 가이오가 무슨 대답을 내놓을지 모두가 귀를 기울였다. 가이오는 잠시 생각에 잠겼다가 답을 했다.

가이오 ⁄ 자신의 소유를 가난한 사람에게 나눠 주면, 나눠 준 만큼, 아니 그보다 열 배는 더 많이 얻게 되지요.

요셉 ⁄ 선생님이 답을 알아내실 줄은 정말 몰랐어요.

가이오 ⁄ 나는 꽤 오랫동안 이런 훈련을 받았거든. 경험만큼 좋은 스승은 없단다. 주님께 긍휼을 베푸는 법도 배웠지. 그리고 그것이 나에게도 이익이라는 점을 경험으로 배웠단다. 그래서 이런 말씀이 있지. "흩어 구제하여도 더욱 부하게 되는 일이 있나니 과도히 아껴도 가난하게 될 뿐이니라 …… 스스로 부한 체하여도 아무것도 없는 자가 있고 스스로 가난한 체하여도 재물이 많은 자가 있느니라."잠 11:24; 13:7

이때 사무엘은 어머니 크리스티아나 귀에 속삭이며 말했다. "여긴 정말 좋은 분의 집이에요. 여기서 좀 더 오래 지내면 안 되나요? 이 집에서 마태 형이 긍휼 누나와 결혼하고 나서 순례를 다시 시작하면 좋지 않을까요?"

이 말을 엿들은 여관 주인 가이오는 이렇게 말했다. "아주 좋은 생각이구나."

그리하여 일행은 그곳에서 한 달 넘게 지냈고, 그 사이에 긍휼은 마태의 아내가 되었다. 그곳에 머무는 동안 긍휼은 원래 해 오던 대로 옷가지를 만들어 가난한 사람들에게 나눠 주었다. 그녀가 베푼 선행으로 순례자들의 평판이 훨씬 더 좋아졌다.

다시 본 이야기로 돌아가서, 첫날 저녁 식사 후 크리스티아나의 아들들은 그동안 쌓인 여독으로 꾸벅꾸벅 졸았다. 그러자 가이오는 그들을 침실로 안내할 사람들을 불렀다. 이에 긍휼이 "제가 방으로 데려갈게요"라며 나섰고, 긍휼을 따라 방에 들어간 아들들은 이내 단잠에 빠져들었다. 하지만 나머지 사람들은 서로 죽이 잘 맞아 아무도 헤어지려 하지 않는 바람에 그만 밤을 지새우고 말았다. 서로 한참 동안 주님과 자기 자신과 여행에 관한 이야기를 하고 나자, 어느 틈엔가 가이오에게 수수께끼를 냈던 노신사 정직이 고개를 아래로 떨구기 시작했다.

담대가 이를 보고는 말했다. "어르신, 슬슬 졸리시지요? 잠이 깨시게 제가 수수께끼를 내 보지요." 잠깐 졸던 정직이 "그럼 어디 한번 들어 보세"라고 정신을 깨우며 말했다.

담대가 수수께끼를 냈다.

담대 ― "죽이려는 자는 먼저 정복당해야 하고 집 밖에서 살려는 자는 먼저 집에서 죽임당해야 한다."

정직 ― (머리를 긁적이며) 하! 이건 어렵구려. 해석도 어렵지만 실천은 더 어렵고. 아무래도 주인 양반, 당신이 풀어 보구려. 내 귀를 기울임세.

가이오 ― (손사래를 치며) 안 됩니다. 이건 어르신이 받은 수수께끼이니 어르신이 풀어야 합니다.

결국 정직이 이에 대해 답했다.

죄를 죽이려면 먼저 은혜에 정복당해야 하고,
살려는 자는 자기 자신에 대해서 죽어야 한다네.

가이오 ― (박수를 치며) 정답입니다. 좋은 교리지요. 이는 경험으로도 알 수 있는 교리예요. 첫째, 은혜가 나타나 그 영광으로 영혼을 사로잡기 전까지는 죄를 거부할 마음이 전혀 생기지 않습니다. 죄가 영혼을 묶고 있는 사탄의 밧줄이라면, 영혼이 나약해진 상태에서 벗어나지 않고서야 어떻게 저항할 수 있겠습니까?
둘째, 이성이나 은혜를 아는 사람이라면 자기 부패에 묶인 사람이 은혜의 살아 있는 증거가 될 수 없다는 점을 잘 알 겁니다.

방금 생각이 났는데, 들을 만한 가치 있는 이야기 하나 해 드릴게요. 순례 중인 두 남자가 있었습니다. 한 사람은 젊은 시절에 순례를 시작했고, 다른 사람은 늘그막에서야 순례를 시작했지요. 젊은이의 경우에는 이겨 내야 할 부패함이 강했고, 노인의 경우에는 몸이 쇠하면서 정욕도 약해져 있었습니다. 그럼에도 젊은이는 노인만큼이나 가볍게 걸음을 내딛었습니다. 자, 둘 다 겉으로는 비슷해 보이는데 둘 중 누가 더 은혜를 빛나게 드러낸 것일까요?

정직 ─ 당연히 젊은이가 아니겠소? 더 강한 적수에 맞서 싸운다는 것은 그만큼 더 강하다는 확실한 증거요. 특히, 자신에 비해 절반밖에 강하지 않은 적수와 싸우는 노인들과 보조를 맞추어 걷기까지 했다면 말할 것도 없소.

게다가 나는 단지 정욕이 약해진 것인데 마치 자신의 힘으로 정욕을 정복한 것처럼 착각하며 우쭐거리는 노인네들을 많이 보았다오. 물론 훌륭한 노인들은 그간 세상의 허망함을 많이 보았기 때문에 젊은이들에게 충분히 좋은 조언을 해 줄 수 있소. 하지만 늙은이와 젊은이가 함께 출발하면, 젊은이가 자신 안에서 일어나는 은혜의 역사를 훨씬 분명하게 볼 수 있다는 이점이 있다오. 겉으로는 노인의 부패함이 훨씬 약하지만 말이오.

이렇게 그들은 동이 틀 때까지 계속해서 이야기를 나누었다. 가족들이 일어나자 크리스티아나는 아들 야고보에게 성경 한 장을 읽으라고 말했다. 야고보는 이사야 53장을 읽었다. 야고보가 다 읽자 정직은 성경에서 구주께서 "마른 땅에서" 나오고, "고운 모양도 없고 풍채도 없"다고 말한 이유가 무엇인지 물었다.

담대 ─ 먼저 첫 번째 부분에 대한 답변을 드리지요. 그리스도께서 나신 유대의 교회는 당시 김빠진 종교로 전락했기 때문입니다. 두 번째 부분에 대해서 답하자면, 그건 불신자들이 하는 말입니다. 그들은 우리 왕자님의 마음을 들여다볼 눈이 없기 때문에 초라한 겉모습만 보고 그분을 판단하지요. 마치 귀한 보석이 흔해 빠진 돌에 덮여 있는 것을 모르고서 그냥 버리고 마는 사람들처럼 말입니다.

그때 가이오가 말했다. "그건 그렇고, 담대 씨는 무기를 잘 다루시는 줄로 알고 있습니다. 이왕 오셨으니 괜찮으시면 푹 쉬신 뒤에 들판으로 나가 좋은 일에 힘 좀 써 보시면 어떨까요? 여기서 1.5킬로미터쯤 가면 이 지역 내 왕의 대로에서 사람들에게 몹쓸 짓을 많이 하는 선 죽이기Slay-good란 거인이 있답니다. 놈이 주로 어디에서 출몰하는지 제가 잘 알고 있습니다. 놈은 강도떼의 두목이지요. 함께 놈을 처리하면 어떨까요?"

그리하여 그들은 함께 밖으로 나갔다. 담대는 검과 투구와 방패를 착용했고, 나머지는 창과 막대기를 들었다.

거인이 있는 곳에 도착하자 약한 마음Feeble-mind이란 사람이 거인의 손에 붙잡혀 있는 것이 보였다. 길을 가던 그를 거인의 부하들이 붙잡아 온 것이었다. 선 죽이기 거인은 식인종이었다. 약한 마음을 샅샅이 뒤져 물품을 빼앗은 것도 모자라 그를 아예 뼈째 뜯어먹을 작정이었다.

그때, 선 죽이기 거인이 동굴 입구에서 무기를 든 담대 일행을 봤다. 거인은 무엇을 원하느냐고 고함치며 물었다.

담대 ⁄ 바로 네놈을 원한다. 네놈이 왕의 대로에서 잡아 와 죽인 숱한 순례자들의 복수를 하러 왔다. 그러니 어서 굴에서 나오너라.

이에 거인은 잔뜩 무장하고서 싸우기 위해 동굴에서 나왔다. 그때부터 둘은 한 시간 넘게 싸웠다. 잠시 땀을 식히는 찰나 거인이 물었다.

선 죽이기 ⁄ 왜 내 땅에 들어왔느냐?

담대 ⁄ 아까 말했듯이 순례자들이 흘린 피에 대한 복수를 하기 위해서다.

말이 끝나기 무섭게 두 사람은 다시 맞붙었고, 거인은 담대를 뒤로 물러나게 만들었다. 하지만 담대는 굴하지 않고 다시 돌진해서는 용감하게 몸을 날려 거인의 머리와 옆구리를 내리쳤다. 그 바람에 거인은 손에서 무기를 떨어뜨리고 말았다. 기회를 놓치지 않은 담대는 달려가서 거인의 목을 단칼에 베었다. 의기양양하게 선 죽이기 거인의 목을 들고, 약한 마음 순례자를 여관으로 데려간 담대와 가이오는 가족들에게 거인의 머리를 보여 준 뒤 본보기를 삼기 위해 전처럼 기둥에 매달았다. 거인과 같은 짓을 하려는 자들에게 두려움을 심어 주기 위한 처사였다.

그들은 약한 마음에게 어쩌다 거인의 손아귀에 붙잡혔는지 그 내막을 물었다.

약한 마음 ╱ 보다시피 저는 허약한 사람입니다. 하루에 한 번꼴로 죽음의 문턱을 넘나들다 보니 집에 있다간 제명에 죽지 못하겠다는 생각이 들었지요. 그래서 순례의 삶에 나섰습니다. 저와 아버지가 태어난 불확실Uncertain 마을에서 여기까지 왔지요. 저는 몸도 마음도 전혀 강하지 못한 사람이에요. 하지만 하다못해 기어서라도 순례의 길을 가려고 합니다.

이 길이 시작되는 좁은 문에 이르렀을 때 그곳 주인께서는 저를 아낌없이 환대해 주셨어요. 제가 허약하게 생겼다거나 마음이 여리다고 내치지 않으셨습니다. 제게 여행에 필요한 것들을 주시고 끝까지 소망을 잃지 말라고 격려해 주셨지요. 크나큰 은혜를 경험했습니다. 해석자 님은 곤고의 산이 제게는 너무 버겁다고 판단해 그 집에 있는 한 종을 제게 붙여 주셨지요. 그 종이 저를 산까지 업어 주었습니다.

또한 저는 순례자들에게 많은 위로를 받았습니다. 그분들은 저와 함께 천천히 가 줄 수는 없었지만 제게 다가와 마음이 약한 자를 위로해 주는 것이 주님의 뜻이라며 저를 응원해 주고서 다시 속도를 내서 갔답니다.[살전 5:14]

그런데 습격의 길Assault Lane에서 이 거인을 만났어요. 거인은 저더러 한판 붙자고 하더군요. 하지만 몸도 마음도 약한 제게 그럴 만한 담력이 있을 리가 없지요. 결국 거인이 저를 덮쳐서는 잡아갔습니다. 하지만 거인이 설마 저를 죽이기야 하겠냐고 생각했어요. 동굴에 들어가서도 제가 스스로 간 것이 아니니 살아서 나갈 수 있으리라 믿었습니다. 난폭한 자에게 붙잡힌 순례자는 주님을 향한 온전한 마음만 잘 간직하면 섭리의 법에 따라 적의 손에 죽지 않는다는 말을 들은 적이 있거든요. 제가 강도를 당한 것처럼 보이고 실제로 강도를 당했지만 여러분이 보다시피 저는 결국 살아서 탈출했습니다.

이 모든 일을 계획하신 제 왕과 이 일에 도구로 쓰인 여러분에게 진심으로 감사드립니다. 앞으로 또 공격받을지도 모르지만 이번에 단단히 결심했습니다. 뛸 수 있으면 뛰고, 뛸 수 없으면 걸어서라도 탈출하겠다고요. 걸을 수 없다면 기어서라도 살아남고야 말겠습니다. 무엇보다도 저를 사랑하시는 주님께 감사한 마음입니다.

이제 제 결심은 확고합니다. 제 앞에 놓인 길을 끝까지 갈 겁니다. 보다시피 저는 심약한 사람이지만 제 마음은 이미 다리 없는 강 너머에 가 있습니다.

정직 ─ 혹시 예전에 두려움이라는 순례자와 알고 지내지 않았소?

약한 마음 ─ 맞아요! 아주 잘 알지요. 그도 우매 마을 출신이거든요. 멸망의 도시에서 북쪽으로 4리쯤 떨어진 곳에 있는 마을이지요. 그곳은 제가 태어난 마을에서도 그쯤 떨어져 있어요. 하지만 우리는 서로 잘 아는 사이랍니다. 실은 우리 아버지의 동생, 그러니까 제 삼촌이에요. 삼촌과 저는 기질이 많이 닮았어요. 삼촌이 저보다 키가 조금 더 작기는 하지만 생김새는 아주 비슷하답니다.

정직 ─ 아는 사이일 줄 알았다오. 서로 친척이라는 점도 어느 정도는 예상했소. 둘 다 얼굴이 하얗고 눈 모양도 닮았거든. 말투도 아주 비슷하고.

약한 마음 ─ 우리를 둘 다 아는 사람들은 다 그렇게 말하지요. 제가 보기에도 우리는 닮은 구석이 정말 많아요.

가이오 ─ 어쨌든, 힘을 내세요. 저희 집에 오신 걸 환영합니다. 뭐든 필요한 게 있으면 부담 없이 말씀하세요. 저희 종들에게 뭐든 시키시면 즉시 해 줄 겁니다.

약한 마음 ─ 이렇게 기대도 안 했던 호의를 베풀어 주시니 몸 둘 바를 모르겠습니다. 제가 이런 호의를 받게 하려고 선 죽이기 거인이 저를 붙잡아 더 가지 못하게 한 것일까요? 제가 가이오님 댁에 가도록 하려고 거인이 제 호주머니를 턴 것일까요?

물론 그럴 리야 없겠지만 결과적으로 이렇게 되었네요.

약한 마음과 가이오가 이런 이야기를 나누고 있는데, 갑자기 한 사람이 달려와 문을 두드리며 급한 소식을 전했다. 2킬로미터쯤 떨어진 곳에서 옳지 않음Not-Right이라는 순례자가 벼락을 맞아 그 자리에서 죽었다는 소식이었다.

약한 마음 ⁄ 저런! 죽었다고요? 제가 여기 오기 며칠 전에 그가 다가와 길동무가 되어 주겠다고 했거든요. 그는 선 죽이기 거인이 저를 잡아갈 때도 제 옆에 있었어요. 하지만 순식간에 몸을 피해 혼자 줄행랑을 쳤지요. 하지만 탈출한 그는 죽고 붙잡힌 저는 살았네요.

당장 죽임을 당하겠구나 생각한 자는
지독한 곤경에서 벗어나고
죽음의 얼굴을 한 섭리가
비천한 자에게 생명을 주는 일이 비일비재하구나.
나는 붙잡히고 그는 탈출해서 도망쳤으나
서로 운명이 뒤바뀌어 그는 죽고 나는 살았네.

이즈음 마태와 긍휼은 결혼식을 올렸다. 또한 가이오는 딸 뵈뵈를 마태의 동생인 야고보에게 주어 아내를 삼게 했다. 그 후 순례자 일행은 가이오의 집에서 열흘 이상 지내며 여느 순례자들처럼 지친 몸과 마음을 회복했다.

순례자 일행이 떠날 채비를 하자 가이오는 떠나기 전 성대한 잔치를 베풀었다. 그렇게 그들은 먹고 마시며 즐거운 한때를 보냈다. 어느덧 그들이 떠나야 할 시간이 다가오자 담대는 숙식비를 계산해 달라고 요청했다. 하지만 가이오는 자신의 집에서는 순례자들이 숙식비를 지불하지 않는 것이 관례라고 말했다. 그는 1년 동안 순례자들에게 숙식을 제공하고 나서 선한 사마리아인에게 정산받았다. 선한 사마리아인은 순례자들의 숙식비가 얼마가 되든지 돌아오면 정확히 갚아 줄 것이라고 약속했다.누 10:33-35

담대 ⁄ "사랑하는 이여, 그대가 신도들을, 더욱이 낯선 신도들을 섬기는 일은 무엇이나 충성스럽게 하고 있습니다. 그들은 교회의 회중 앞에서 그대의 사랑을 증언하였습니다. 그대가 하나님이 보시기에 합당하게, 그들을 잘 보살펴서 보내는 것은 잘하는 일입니다."요삼 1:5-6, 새번역

가이오는 순례자들에게 작별 인사를 했다. 특히 그는 약한 마음에게 더없이 따뜻하게 인사한 뒤 그에게 여행 중에 마실 거리를 건넸다. 그런데 일행이 문을 나서는 동안 약한 마음이 살짝 머뭇거렸다. 이를 눈치챈 담대가 말했다. "약한 마음 씨, 우리와 같이 가시지요. 제가 안내자가 되어 드리겠습니다. 그러면 남은 여정을 무사히 마칠 수 있을 겁니다."

약한 마음 ― 저, 사실…… 저한테 맞는 길동무가 있으면 좋겠어요. 여러분은 모두 활발하고 건강하지만 보다시피 저는 약해요. 제 온갖 약점이 여러분에게 걸림돌이 되면 저도 부담스러워요. 그러니 저는 뒤에서 출발할게요. 말했다시피 저는 몸도 마음도 약한 사람이에요. 그래서 남들은 쉽게 이겨 낼 수 있는 일에 상처를 받고 약해지지요. 저는 잘 웃지도 않고, 화려한 옷도 싫어해요. 실없는 질문도 싫어하고요. 저는 유약해서 다른 사람들은 신경 쓰지 않는 일에 신경 쓰며 마음 상해하지요.

게다가 저는 몹시 무식한 신앙인이라서 진리를 많이 알지도 못해요. 사람들이 주 안에서 기뻐하는 소리를 듣고 정작 기뻐하지 못하는 제 자신을 보며 괴로워하곤 하지요. 우리가 함께 간다면 저는 강한 사람들 속에 있는 한 명의 약한 사람, 건강한 무리 속에 껴 있는 한 명의 환자 같겠지요. "평안한 자의 마음은 재앙을 멸시하나 재앙이 실족하는 자를 기다리는구나"라는 말씀이 꼭 저를 두고 하는 말씀 같아요. 욥 12:5 그래서 어찌 해야 좋을지 잘 모르겠습니다.

담대 ― 하지만 형제님, 저는 마음이 연약한 이들을 위로하고 힘이 없는 자들을 돕는 임무를 맡은 사람입니다. 그래서 우리와 함께 가셔야 합니다. 우리가 돌봐드릴게요. 우리가 도와드리겠습니다. 최대한 그대의 의견을 따라 주고 행동도 그대에게 맞추겠습니다. 그대 앞에서 쓸데없는 논쟁을 벌이지도 않을 테고요. 그대를 두고 가느니 그대에게 모든 것을 맞춰 주는 편을 선택하겠습니다. 살전 5:14; 롬 14장; 고전 8장; 9:22

가이오의 집 문 앞에서 이렇게 실랑이를 벌이고 있는데, 멈추기 직전 씨Ready-to-halt가 목발을 짚고서 지나갔다. 그도 순례 중이었다.

약한 마음 ⁄ 저기요, 어떻게 여기까지 오셨나요? 방금 제게 맞는 길동무가 없다고 한탄하던 중인데, 마침 딱 맞는 분이 나타났군요. 선한 멈추기 직전 씨, 환영합니다. 우리가 서로에게 도움이 될 것 같은데, 어떠신가요?

멈추기 직전 ⁄ 선한 약한 마음 씨, 혼자 가는 것보다 둘이 함께 가면 좋지요. 자, 이렇게 만났으니 제 목발 하나를 빌려드릴게요.

약한 마음 ⁄ 호의는 감사하지만 괜찮습니다. 다리를 절게 되기 전까지는 제 발로 걷기를 멈추지 않을 겁니다. 하지만 혹시 개가 달려들거나 하면 그때는 도움이 되겠군요.

멈추기 직전 ⁄ 선한 약한 마음 씨, 저나 제 목발이 필요하면 언제라도 말씀만 하세요.

그리하여 순례자들은 계속해서 여행길을 갔다. 담대와 정직이 맨 앞에 나서서 걸었고, 그 뒤를 크리스티아나와 아들들과 며느리들이 따라갔으며, 약한 마음과 멈추기 직전이 맨 뒤에서 걸어갔다.

정직 ─ 자, 길을 나섰으니 전에 순례 중에 있었던 일 중에서 유익한 게 있으면 좀 들려주시오.

담대 ─ 좋지요. 아마 크리스천이 겸손의 골짜기에서 아볼루온을 만나고 사망의 음침한 골짜기를 지나다가 고생한 이야기를 들으셨을 줄 압니다. 신실faithful이 음녀며, 첫 번째 아담Adam the First이며, 불만Discontent과 수치Shame를 만난 이야기도 이미 들으셨을 것 같네요. 네 사람은 길에서 흔히 만날 수 있는 협잡꾼이지요.

정직 ─ 그렇소. 다 들었소. 선한 신실은 특히 수치를 만나 고생했지. 수치는 정말 끈질긴 자였소.

담대 ─ 순례자들의 말처럼 그자는 가장 어울리지 않는 이름을 가진 자이지요.

정직 ─ 그런데 담대 양반, 크리스천과 신실이 수다쟁이Talkative를 만난 곳이 어딘지 아오? 그자도 유명한 자였는데.

담대 ─ 참 뻔뻔스럽고 어리석은 사람이지요. 그런데도 그자의 길을 따르는 이가 제법 많답니다.

정직 ─ 그러게 말이오. 하마터면 신실도 속아 넘어갈 뻔했지 않소.

담대 ─ 다행히 크리스천이 재빨리 그를 깨우쳐 주었지요.

그들은 계속해서 길을 갔다. 그리고 마침내 전도자Evangelist가 크리스천과 신실을 만나 그들이 헛됨의 시장에서 어떤 일을 당할지 미리 알려 주었던 곳에 이르렀다.

담대 ⸍ 바로 여기서 크리스천과 신실은 전도자를 만났습니다. 전도자는 그들이 헛됨의 시장에서 어떤 고초를 겪게 될지 미리 알려 주었지요.

정직 ⸍ 전도자가 그들에게 해 준 말은 정말 무시무시한 내용이었소.

담대 ⸍ 그렇긴 합니다만 전도자는 그들에게 용기도 주었습니다. 그래서인지 그들은 마치 사자처럼 강인한 모습을 보여 주었지요. 그들이 재판관 앞에서 얼마나 당당했는지 기억하시지요?

정직 ⸍ 신실은 고난을 용감하게 받아들였소?

담대 ⸍ 그렇습니다. 그리고 그로 인해 놀라운 일이 벌어졌지요. 신실의 순교 덕분에 소망Hopeful을 비롯한 여러 사람이 회심했답니다.

정직 ⸍ 자, 계속 말해 보시오. 그대는 그 일을 잘 아는 것 같구려.

담대 ⸍ 크리스천은 헛됨의 시장을 지나고 나서 사심By-ends이라는 참으로 교활한 자를 만났습니다.

정직 ⸍ 사심이라…… 그자는 어떤 자요?

담대 ⸍ 정말 교활한 자였지요. 철저한 위선자였습니다. 세상의 흐름에 맞춰 종교 생활을 했어요. 신앙을 위해 뭔가를 잃거나 고난받을 생각은 추호도 없는 자였지요. 필요에 따라 종교의 '방식'을 바꾸었답니다. 그의 아내 역시 그런 일에 남편만큼이나 능숙했고요. 그는 상황에 따라 의견을 바꾸면서 그것이 옳다고 주장했답니다. 하지만 제가 들은 바로는, 그는 그렇게 종교 생활을 한 결과, 비참한 결말을 맞았다고 합니다. 그의 자식들 가운데서도 하나님을 진정으로 경외하는 사람이 단 한 명도 없었다고 하지요.

그 무렵, 헛됨의 시장이 열리는 헛됨의 마을이 눈에 들어왔다. 마을이 가까워지자 그들은 그 마을을 통과할지에 관해서 의논했는데 서로 의견이 갈렸다. 마침내 담대가 이렇게 말했다. “아시다시피 저는 순례자들의 안내자로서 자주 이 마을을 지나갔습니다. 그러다 보니 나손Mnason이라는 사람과 친해지게 되었습니다.행 21:16 그는 구브로 태생으로 일찍부터 제자가 된 사람이지요. 괜찮으시면 그의 집에서 묵으면 어떨까 합니다.”

그러자 정직이 말했다. “좋소.” 크리스티아나와 약한 마음도 “좋습니다”라고 맞장구를 쳤고, 모두가 찬성했다. 독자 여러분도 짐작했겠지만, 그들이 마을 입구에 이르렀을 때는 날이 저물어 어둑했다. 하지만 담대는 나손의 집으로 가는 길을 잘 알았기 때문에 어두워도 크게 상관이 없었다. 이윽고 순례자 일행은 나손의 집에 도착했고, 담대가 문 앞에서 주인을 불렀다. 주인은 그 음성을 듣자마자 목소리 주인을 알아채고 바로 문을 열어 주었다. 순례자 일행이 집 안으로 들어가자 나손이 말했다. “오늘 얼마나 멀리서부터 걸어오신 겁니까?”

순례자 일행은 말했다. “우리의 몸과 마음을 회복시켜 주신 가이오의 집에서부터 여기까지 한참 동안 걸어왔습니다.”

나손이 말했다. “꽤 먼 길을 걸어오셨군요. 얼마나 피곤하십니까? 어서 여기 앉으세요.” 그리하여 모두 그 자리에 편히 앉았다.

담대 ― 자, 제 친구의 집이니 마음 편히 쉬세요.

나손 ― 네, 그렇습니다. 여러분 모두 환영합니다. 뭐든 필요한 것이 있으면 말씀만 해 주세요. 저희가 할 수 있는 한 뭐든 해 드리겠습니다.

정직 ― 지금 저희는 쉴 곳과 좋은 동무가 절실히 필요하오. 그런데 벌써 둘 다 얻은 것 같구려.

나손 ― 쉴 곳이라면 바로 여기가 맞습니다. 하지만 좋은 동무는 시련 가운데 드러나는 법이지요.

담대 ― 자, 순례자들을 어서 방으로 안내해 주시겠습니까?

나손 ― 네, 그러지요.

나손은 순례자들을 각자의 방으로 안내하고 나서 잠자기 전까지 함께 모여 식사할 수 있는 매우 근사한 식당으로 안내했다.

순례자들이 자리에 앉아 여행으로 쌓인 피로를 조금이나마 풀고 나자 정직이 집주인에게 이 마을에 선한 사람이 운영하는 가게가 있는지 물었다.

나손 ― 가게가 몇 군데 있습니다. 하지만 나쁜 사람이 운영하는 가게에 비하면 얼마 되지 않지요.

정직 ― 그래도 선한 가게 주인들을 좀 만날 수 있겠소? 순례 중에 선한 사람을 만나기가 바다를 항해하다 그 한복판에서 달과 별을 마주치는 것처럼 힘드니까 말이오.

이에 나손이 발로 바닥을 쿵 하고 내리찍어 신호를 보내자 그의 딸 은혜Grace가 올라왔다. 나손은 딸에게 이렇게 말했다. "얘야, 아버지의 친구들인 통회 씨Contrite, 거룩한 사람 씨Holy-man, 성도 사랑 씨Love-saint, 거짓 없음 씨Dare-not-lie, 회개 씨Penitent에게 가서 오늘 저녁 그분들을 보고 싶어 하는 분들이 있다고 말하거라."

은혜가 그들 모두를 불러오자 그들은 일행에게 인사한 뒤 함께 식탁에 둘러앉았다.

집주인 나손이 말했다. "이웃 분들, 보다시피 오늘 우리 집에 낯선 분들이 오셨습니다. 이분들은 먼 곳에서 오신 순례자들입니다. 현재 시온산을 향해 가고 계시지요. 그런데……" 그는 손가락으로 크리스티아나를 가리키며 계속해서 말했다. "이분은 크리스티아나입니다. 그 유명한 순례자 크리스천의 아내 분이랍니다. 신실 형제와 함께 우리 마을에서 큰 고초를 당한 순례자를 다들 아시지요?"

그 말에 이웃들은 벌떡 일어나며 놀라워했다. "따님이 우리를 부르러 왔을 때만 해도 크리스티아나 부인을 보게 될 줄은 상상도 못 했습니다. 이렇게 기분 좋게 놀라는 것은 얼마든지 환영입니다." 그들은 크리스티아나에게 안부를 물은 뒤 이 젊은이들이 크리스천의 아들들이냐고 물었다. 크리스티아나가 그렇다고 대답하자 그들은 아들들을 축복했다. "너희가 사랑하고 섬기는 왕께서 너희 아버지처럼 너희를 그분의 품으로 평안히 이끄시기를 바란다."

이웃들이 모두 다시 자리에 앉자 정직은 통회를 비롯한 이웃들에게 요즘 마을 상황이 어떤지 물었다.

통회 ─ 장이 설 때는 눈코 뜰 새 없이 바쁘지요. 그렇게 바쁠 때는 올바른 마음과 정신을 유지하기가 힘들답니다. 우리처럼 이런 곳에서 살면서 장사하는 사람들에게는 매 순간 정신을 차리게 해 주는 물품이 필요해요.

정직 ─ 어떻게, 마을 분위기는 좀 잠잠하오?

통회 ─ 전보다는 한결 나아졌습니다. 크리스천과 신실이 우리 마을에서 어떤 짓을 당했는지 아시지요? 하지만 최근에는 마을 사람들이 훨씬 부드러워졌습니다. 아무래도 신실의 피를 흘린 일이 지금까지도 그들의 마음을 무겁게 짓누르는 것 같습니다. 그들은 신실을 불태워 죽인 뒤로 그런 짓을 한 것이 부끄러워서 더 이상 사람을 불태워 죽이지 않았습니다. 예전에는 거리를 거니는 것조차 무서웠는데 지금은 당당히 고개를 들고 다닌답니다. 그때는 신앙을 고백하는 이들이 미움을 받았을 때지요. 하지만 요즘은 종교를 훌륭한 것으로 여깁니다. 우리 마을 일부 지역에서 특히 더 그렇답니다. 아시다시피 우리 마을이 워낙 크지 않습니까?

이번에는 통회가 순례자들에게 물었다. "그나저나 순례는 좀 어떻습니까? 하실 만한가요?"

정직 ─ 순례 길이 다 그렇지요, 뭐. 가다 보면 깊은 골짜기도 나오고, 진창길도 만나고……. 또 오르막길을 가다 보면 내리막길이 나오고 말이오. 참으로 예측하기가 힘드오. 항상 순조로운 바람만 부는 것도 아니고, 길에서 만나는 사람이 다 친구도 아니오. 이미 적지 않은 고생을 했소만 아직 얼마나 더 고생해야 할지 알 수 없소. 역시 옛말이 옳소. 왜, 옛말에 선한 사람은 고난을 겪기 마련이라지 않소.

통회 ― 고생이라고 하셨는데 어떤 고생을 하셨는지 여쭈어도 될까요?

정직 ― 그건 우리의 안내자인 담대 선생에게 물어보는 게 더 나을 것 같소. 그가 가장 잘 설명해 줄 수 있을 거요.

담대 ― 벌써 서너 번 호되게 당했지요. 먼저, 크리스티아나 부인과 아이들이 두 명의 불량배를 만났는데 목숨을 잃을까 봐 두려워할 만큼 위험한 상황이었답니다. 그 후에는 피비린내 나는 남자, 망치, 선 죽이기 같은 거인에게 공격을 받았지요.

사실, 마지막 거인은 공격을 당한 게 아니라 우리가 공격한 것이긴 합니다만. 자초지종을 말하자면 이렇습니다. 저와 온 교회를 환대해 준 가이오의 집에서 지내다가 가까이에 순례자들의 적이 있다기에 무기를 들고 나갔지요. 가이오가 알려 준 곳에서 그 거인을 부지런히 찾다가 마침내 그 악당이 사는 동굴 입구를 발견하게 되었답니다. 기뻐하며 용기를 내서 동굴 쪽으로 다가갔는데…… 저런, 놈이 이 가여운 약한 마음 형제를 무력으로 끌고 와 붙잡아 두었더라고요. 근데 놈이 형제를 막 죽이려고 하는 게 아니겠습니까? 하지만 놈은 우리를 보자마자 약한 마음 형제를 동굴

속에 놔두고 그대로 뛰쳐나왔어요. 아마도 우리를 새로운 먹잇감으로 삼은 것 같았지요.

우리가 전력으로 달려들자 놈도 마구 공격을 퍼부었어요. 하지만 결국 놈을 땅바닥에 쓰러뜨리고 머리를 단칼에 베어 버렸답니다. 그리고 불경한 짓을 저지르는 자가 그 누구든 경고하기 위해 놈의 머리를 길가 기둥에 매달아 놓았습니다. 제 말이 사실인지는 약한 마음 형제에게 물어보세요. 사자의 입에서 구출된 어린양과 같은 이 형제가 확인시켜 줄 겁니다.

약한 마음 ⁄ 다 사실입니다. 정말로 거인이 금방이라도 내 뼈를 발라먹을 것처럼 굴었지요. 하지만 담대 선생과 친구들이 무기를 들고 저를 구하러 와 주셨어요.

거룩한 사람 ⁄ 순례 길에 꼭 필요한 것이 두 가지 있습니다. 용기와 흠 없는 삶이지요. 용기가 없으면 꿋꿋이 그 길을 갈 수 없고, 삶이 흐트러지면 순례자라는 이름에 먹칠을 하게 될 겁니다.

성도 사랑 ⁄ 여러분에게는 이런 충고의 말이 불필요하기를 바라지만, 전혀 순례자답지 못한 사람이 너무나 많아요.

거짓 없음 ⁄ 맞는 말입니다. 그들은 순례자에게 걸맞은 흠 없는 삶도, 용기도 없지요. 그들은 올바로 살지 못한 채 휘청거리며 살고 있어요. 한 발은 안쪽을 향하고, 또 다른 한 발은 바깥쪽을 향하고 있는 데다 바지 허리춤 사이로 속옷이 삐져나와 있는 셈이지요. 온통 엉망진창이어서 주님의 이름에 먹칠을 한답니다.

회개 ― 그런 자들은 고생할 수밖에 없어요. 그런 흠을 없애기 전까지는 은혜를 입을 수 없고, 순례 길이 바람대로 이어지지도 않지요.

그들이 이야기를 나누며 시간을 보내는 사이 저녁 식사가 다 차려졌다. 그들은 맛 좋은 음식으로 지친 몸을 회복시킨 뒤 편안하게 쉬러 갔다. 순례자들은 이 나손의 집에 꽤 오래 머물렀는데 그 사이에 나손은 딸 은혜를 크리스천의 아들 사무엘에게 주어 아내로 삼게 하고, 딸 마르다는 요셉과 결혼하게 되었다.

방금 전에 말했듯이 순례자들은 그곳에 오래 머물렀다. 마을 분위기가 이제 예전과는 많이 달라졌기 때문이다. 마을에 머무는 동안 순례자들은 마을에 사는 여러 선한 사람들과 친해졌고 할 수 있는 한 그들을 힘껏 도왔다. 긍휼은 예전처럼 가난한 사람을 위해 옷가지를 만들어 그들의 배와 등을 따뜻하게 해 주었다. 말로만 신앙을 고백하는데 그치지 않고 행동으로 보여 주는 긍휼이었다. 은혜, 뵈뵈, 마르다 역시 성품이 훌륭한 여인들이어서 각자의 자리에서 선한 일을 많이 베풀었다. 또한 그들은 자녀를 많이 낳아 크리스천의 대가 세상에서 이어지게 만들었다.

한편, 순례자들이 그곳에 머무는 동안 숲에서 괴물이 출몰해 마을 사람들을 잡아가 많이 죽였다. 게다가 이 섬뜩한 괴물은 마을 아이들을 데려가 자신의 새끼들을 핥도록 훈련시키기로 악명 높았다. 마을에 사는 어느 누구도 이 괴물에 맞서지 못했고, 괴물이 오는 소리만 나도 모두가 줄행랑을 쳤다.

이 괴물은 세상의 짐승과 같지 않았다. 용 같은 몸집에, 머리가 일곱, 뿔이 열 개였다. 그 괴물은 아이들에게 큰 해악을 끼쳤지만 한낱 한 여자의 조종을 받고 있었다.계 17:3 이 괴물이 내세운 조건을 '자신의 영혼보다 목숨을 더 사랑하는 자들'이 받아들여 그 괴물의 지배 아래로 자진해 들어갔다.

담대는 나손의 집에 방문한 이들과 함께 이 괴물을 찾아가 싸우기로 결심했다. 사람들을 닥치는 대로 잡아먹는 이 뱀 같은 괴물의 발톱과 아가리에서 마을 사람들을 구해 내기로 의기투합한 것이다.

그리하여 담대, 통회, 거룩한 사람, 거짓 없음, 회개는 각자의 무기를 꺼내 들고 괴물에게 맞서기 위해 나섰다. 처음부터 사납게 달려들던 괴물은 깔보고 업신여기는 듯 눈을 치켜뜨며 이들을 잔뜩 노려보았다. 하지만 담대 일행은 괴물의 협박에도 아랑곳하지 않고 되레 큰 소리로 호통치며 강하게 밀어붙였다. 전혀 두려운 기색 없이 맹렬하게 밀어붙이는 기세에 괴물은 뒷걸음질 치다 끝내 도망치고야 말았다. 적과의 싸움에서 이긴 일행은 아주 의기양양하게 나손의 집으로 돌아왔다.

어디론가 도망간 괴물은 특정 시기에만 내려와 마을 아이들을 잡아가려고 기회를 노렸다. 그럴 때마다 용맹하고 훌륭한 이 사람들이 매번 경계하고 있다가 괴물을 용감하게 무찔렀다. 그렇게 수차례 공격받은 괴물은 숱한 상처를 입어 절뚝거리는 지경에 이르렀고 더는 전처럼 마을 사람들의 자식들을 괴롭히지 못했다. 마을 사람 몇몇은 지금까지 입은 상처로 결국 괴물이 죽고 말 거라고 굳게 믿었다.

이 일로 담대 일행은 이 마을에서 명성이 자자하게 되었다. 여전히 세상 것을 맛보고 싶어 하는 사람 중에도 그들을 우러러보는 이들이 많았다. 이 사건 후로 순례자들은 그 마을에서 더 이상 큰 어려움을 겪지 않았다. 물론 두더지보다도 보는 시각이 좁고 짐승보다도 지혜가 없는 비열한 인간도 있었다. 이런 부류의 사람들은 그들을 존경하지도, 그들의 용맹이나 모험에 주목하지도 않았다.

어느덧 시간이 흘러 순례자들이 다시 순례의 길을 가야 할 때가 되었다. 그들은 떠날 준비를 하고 나서 친구들을 불러 함께 이런저런 일을 의논한 뒤 서로의 안전을 위해 왕자께 기도하는 시간을 가졌다. 친구들은 약한 사람과 강한 사람, 여인들과 남자들에게 각각 필요한 것들을 가져와 순례자들의 짐에 챙겨 주었다.[행 28:10]

순례자들이 길을 나서자 친구들이 배웅해 주었고, 적당한 곳에서 그들은 다시 서로의 안전을 위해 왕께 기도한 뒤에 헤어졌다.

그리하여 순례자 일행은 가던 길을 계속해서 걸어갔고, 담대가 앞장서 나갔다. 연약한 여인들과 아이들이 감당할 수 있는 속도로 순례의 여정을 이어 갔고, 멈추기 직전과 약한 마음은 그 모습을 보며 동질감을 느꼈다.

친구들과 헤어지고 마을을 떠난 순례자 일행은 곧 신실이 순교한 장소에 이르렀다. 그들은 그곳에서 길을 멈추고 신실이 십자가를 잘 질 수 있도록 힘을 주신 주님께 감사를 드렸다. 신실이 고난을 두려워하지 않고 담대하게 받아들인 덕분에 자신들이 혜택을 입었다는 사실을 이제 깨달았기 때문이다.

이후 순례자 일행은 크리스천과 신실에 관한 이야기를 나누면서 다시 길을 걸어갔다. 그들은 신실이 죽은 뒤에 소망이 크리스천과 동행하게 된 이야기도 나누었다.

어느덧 그들은 금전산Hill Lucre에 이르렀다. 그곳에는 데마Demas가 순례자들을 유혹해 순례를 그만두게 한 은광이 자리하고 있었다. 은광에 들어간 사심이 나오지 못하고 죽었다는 소문이 있었다. 순례자 일행은 그런 소문을 떠올리며 조심스레 걸어갔다.

잠시 후 순례자 일행은 금전산을 마주 보고 서 있는 옛 기념물 앞에 다다랐다. 소돔과 악취가 진동하는 호수가 보이는 곳에 서 있는 소금 기둥이었다. 예전에 크리스천도 같은 의문을 품었던 것처럼 그들 또한 그 소금 기둥을 보고서, 지식이 많은 사람조차 눈이 멀어 여기서 몸을 돌리는 이유를 모르겠다며 고개를 갸웃거렸다. 찬찬히 고민한 끝에, 그들은 본성이 어리석은 사람은 특히 매력적인 것을 보면 남들이 해를 당한 것을 알면서도 눈이 멀어 불나방처럼 달려든다는 결론을 내렸다.

CHAPTER 8

합심 선제공격에 무너진 '의심의 성'

선한 싸움, 승전의 희열

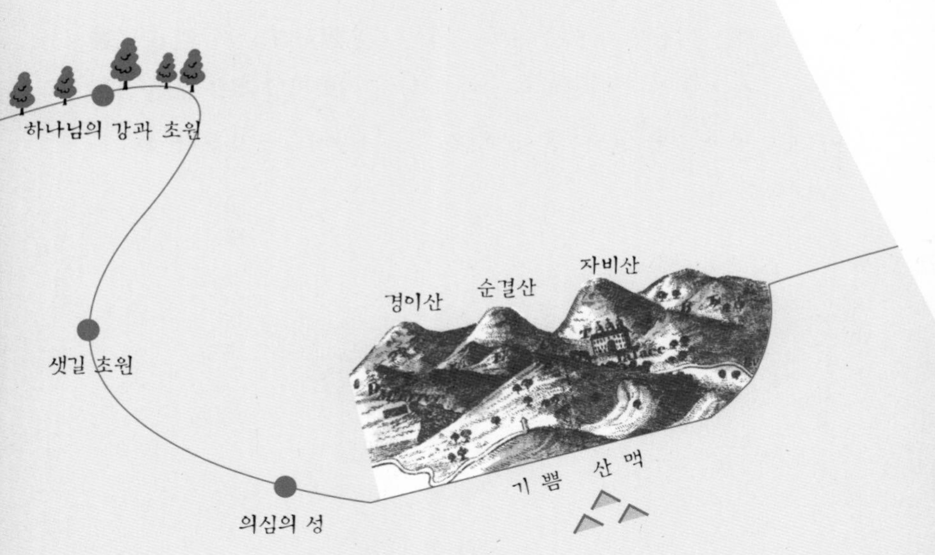

순례자 일행, 절망의 거인, 자신 없음, 의기소침, 왕겁쟁이,
네 목자(지식, 경험, 경계, 성실), 큰 은혜의 아들, 편견, 악의, 경건한 사람,
옷 만드는 남자, 바보, 얼간이, 진리의 용사

내가 보니, 순례자 일행은 계속해서 부지런히 걸어 기쁨 산맥 Delectable Mountains 이쪽 편에 있는 강가에 거의 다 이르렀다. 그 강 양편으로 선한 나무가 무성하게 자라 있었다. 그 나무의 잎사귀는 배탈을 치료하는 효과가 탁월했다. 또한 그곳에는 사시사철 푸르른 초원이 펼쳐져 있었고, 그 푸르른 풀밭은 순례자들이 누워서 안전하게 쉴 만큼 편안했다. 시 23편

이 강가의 푸르른 풀밭에는 특히나 양의 우리가 많았다. 또 순례 중인 여인들의 아기, 즉 어린양들을 돌봐 주는 집이 한 채 있었다. 그곳에는 이 어린양들을 목자처럼 맡아 양육해 주는 사람이 있었다. 그는 다른 사람을 불쌍히 여기는 마음이 넘쳐 늘 이 어린양들을 그 팔로 모아 품에 안으며 그 어머니들까지 온순하게 인도했다. 히 5:2; 사 40:11

크리스티아나는 이 사람에게 아기를 맡기라고 며느리 네 명에게 권유했다. 물가가 자리한 더없이 좋은 환경에서 아이들이 보호받고 부족함 없이 잘 먹으며 잘 자랄 수 있을 것이라고 말했다. "아이 중 한 명이라도 옳은 길에서 벗어나 헤매면 이 사람이 찾아올 것이며, 상처를 입으면 싸매 주고 아프면 건강하게 돌봐 줄 게다. 렘 23:4; 겔 34:11, 16 이

보라, 순례자들을 위로하기 위해
길을 따라 흐르는 이 맑고 투명한 강물을.
푸르른 초장은 향기를 발하고
순례자들을 위해 진미를 내도다.
이 나무들이 얼마나 달콤한 과실,
그리고 얼마나 아름다운 잎사귀를 내는지 안다면
누구라도 당장 전 재산을 팔아 이 밭을 사리라.

곳에서는 아이들이 먹을 고기와 마실 것, 입을 것이 결코 떨어지는 법이 없을 거야. 아이들이 도둑과 강도에게 해를 입을 일도 없을 거고 이 사람은 맡은 아이 하나라도 잃어버리지 않도록 목숨을 걸고 지킬 거다. 아이들은 옳은 길을 걷도록 좋은 양육과 훈계를 받겠지. 이것은 보통 큰 은혜가 아니란다. 보아 하니 이곳에는 깨끗한 물과 기분 좋은 풀밭, 아름다운 꽃, 선한 열매를 맺는 각종 나무가 가득하구나. 그 열매는 마태가 바알세불의 정원에서 담장 밖으로 뻗어 나온 가지에서 따서 먹은 과일과 달리, 건강하지 못한 사람을 건강하게 하고 건강한 사람은 계속해서 더 건강하게 만드는 열매란다." 크리스티아나는 며느리들에게 이와 같이 말했다.

며느리들은 즐거이 아이들을 그 사람에게 맡겼다. 그리고 무엇보다도 왕의 관할 하에 있는 이곳에는 어린 아이들과 고아를 위한 병원도 있었다.

이제 순례자들은 더없이 평온한 가운데 계속해서 남은 여행길을 걸어갔다. 이윽고 그들은 샛길 초원By-path Meadow에 도착했다. 예전에 크리스천이 이 초원의 울타리를 넘어갔다가 절망의 거인Giant Despair에게 붙잡혀 의심의 성Doubting Castle에 갇힌 적이 있다. 순례자들은 앉아서 어떻게 하는 것이 좋을지 의논했다. 이제 그들은 전보다 강해졌고 담대라는 든든한 안내자가 있었기에 거인을 공격하여 그의 성을 무너뜨릴지, 그리하여 혹여 그곳에 지금 갇혀 있는 순례자가 있다면 가기 전에 그들을 구해 낼지를 결정해야 했다. 이 문제에서 서로의 의견이 갈렸다.

한 사람은 불경한 땅을 밟는 것이 옳은지 모르겠다고 말했고, 또 다른 사람은 목적이 옳다면 그래도 괜찮다고 말했다. 치열한 논쟁 끝에 담대가 말했다. "목적이 옳다면 뭐든 해도 좋다는 말은 아니지만, 저는 죄에 저항하고 악을 물리치고 믿음의 선한 싸움을 싸우라는 명령을 받았습니다. 생각해 보세요. 이 선한 싸움을 절망의 거인과 하지 않는다면 누구와 하겠습니까? 저 거인을 죽이고 의심의 성을 허무는 것이 좋을 것 같습니다." 그러고 나서 그는 순례자들의 얼굴을 쭉 훑어보며 말했다. "자, 누가 저와 함께 가시겠습니까?"

먼저 정직이 나섰다. "내가 가겠소."

그러자 크리스티아나의 네 아들인 마태, 사무엘, 야고보, 요셉도 손을 들었다. "저희도 가겠습니다." 젊고 강한 네 젊은이가 가장 적극적으로 나섰다.[요일 2:13-14]

그리하여 그들은 약한 마음과 목발을 짚고 걷는 멈추기 직전에게 여인들을 부탁하고서 선한 싸움을 하러 절망의 거인을 찾아 나섰다. 절망의 거인이 아주 가까이에 살긴 하지만, 길에서 벗어나지만 않는다면 어린아이도 앞장서서 그들을 이끌 수 있을 만큼 안전한 길이었다.[사 11:6]

담대, 정직, 네 젊은이는 절망의 거인을 찾아 의심의 성으로 성큼성큼 향했다. 성문에 도착한 그들은 문이 부서져라 세차게 두드렸다. 그러자 절망의 거인이 나오고 곧이어 그의 부인인 자신 없음[Diffidence]도 뒤따라 나왔다. 절망의 거인이 큰 소리로 말했다. "도대체 누가 이렇게 소란을 피워 나를 귀찮게 하느냐?"

그러자 담대가 대답했다. "나는 순례자들을 이끄는 안내자다. 나는 천국의 왕을 모시는 신하이니, 내가 들어가도록 이 문을 열라! 나랑 한판 붙자! 네 머리를 취하고 의심의 성을 무너뜨리기 위해 내가 이곳에 왔다!"

절망의 거인은 자신이 거인이란 이유로 우쭐대면서 그 어떤 인간도 자신을 이길 자가 없다며 속으로 상대를 비웃었다. '나는 천사들도 이긴 몸인데 너 따위를 무서워할 줄 아느냐?' 잔뜩 무장한 거인이 기세등등하게 밖으로 나왔다. 머리에는 강철 투구를 쓰고, 가슴에는 화염 흉패를 찼으며, 발에는 쇠로 만든 신을 신고, 손에는 거대한 몽둥이를 들고 있었다.

그러나 이에 전혀 눌린 기색 없이 여섯 사람은 한꺼번에 거인에게 달려들어 앞뒤 사정없이 공격해 댔다. 남편을 돕겠다고 나온 자신 없음도 정직이 가한 공격 한 번에 쓰러지고야 말았다. 여섯 명이 목숨을 걸고 달려들자 꿈쩍하지 않을 것 같던 절망의 거인이 끝내 땅바닥에 쓰러졌다. 거인은 죽기 싫어 끝까지 발버둥쳤다. 하지만 이에 질세라 담대가 그의 머리를 순식간에 베어 숨통을 끊어 놓았다.

뒤이어 여섯 명의 용사는 여세를 몰아 의심의 성도 완전히 무너뜨렸다. 독자들도 짐작했겠지만 절망의 거인이 죽은 이상 성을 허무는 일은 훨씬 수월했다. 의심의 성을 허무는 데 걸린 시간은 단 7일에 불과했다. 그 성을 허무는 과정에서 거의 굶어 죽기 직전에 이른 의기소침 씨Despondency와 그의 딸 왕겁쟁이Much-afraid를 발견했다. 다행히 이 두 사람을 살려서 겨우 구해 낼 수 있었다. 독자 여러분이 성 뜰 곳곳에 널려 있는 시체와 지하 감옥에 빼곡한 사람 뼈들을 직접 봤다면 아마도 기겁했으리라.

담대 일행은 큰 공을 세운 뒤 의기소침과 그의 딸 왕겁쟁이도 안전하게 데리고 돌아왔다. 그들은 의심의 성에서 폭군이었던 절망의 거인에게 포로로 사로잡혀 있었을 뿐 정직한 사람들이었다.

용사들은 거인의 머리(몸통은 돌무더기 아래에 묻었다)를 들고 내리막길로 내려가, 기다리던 순례자 일행에게 가서 자신들이 세운 공을 보여 주었다. 약한 마음과 멈추기 직전은 그 머리가 절망의 거인 것임을 알고서 몹시 기뻐했다. 크리스티아나는 비올(바이올린의 전신)을 연주했고, 류트를 연주할 줄 알았던 며느리 긍휼이 신이 나서 악기들을 연주했다. 아름다운 화음이 울리자 몸이 근질근질해진 멈추기 직전은 의기소침의 딸 왕겁쟁이 손을 잡고 길에서 덩실덩실 춤을 추었다. 물론 손에 목발을 잡고서 춰야 했지만 그래도 썩 잘 추었다. 음악에 맞추어 몸을 흔드는 왕겁쟁이의 춤 솜씨도 칭찬할 만했다.

하지만 의기소침은 굶어 죽기 직전에 구출되었기에 음악과 춤에는 아무 관심도 없고 오직 먹을 생각뿐이었다. 이에 크리스티아나는 일단 그에게 목을 축일 음료수부터 준 뒤 서둘러 음식을 준비했다. 의기소침은 음식을 조금 먹고 나자 곧 정신을 차렸고 기운을 내 회복하기 시작했다.

내가 꿈에서 보니, 담대는 큰 길가에 자리한 기다란 장대에 절망의 거인의 머리를 매달았다. 장대 옆에는 예전에 크리스천이 나중에 지나갈 순례자들에게 거인의 땅에 들어가지 말라고 경고하기 위해 세운 기둥이 있었다. 담대는 그 기둥 아래 대리석에 다음과 같은 글귀를 새겨 넣었다.

이 머리는 예전에 순례자들이
이름만 들어도 벌벌 떨던 자의 머리다.
용감한 정복자 담대는
절망의 거인이 차지하던 성을 허물고
절망의 거인의 아내 자신 없음도 죽였다.
담대는 의기소침과 그의 딸 왕겁쟁이를 위해서도
용맹을 떨쳤다.
누구든 믿지 못하겠다면
여기서 눈을 들어서 보라.
의심이 풀리리라.
의심이 많았던 다리 저는 자도 이 머리를 보고는
두려움에서 벗어나 춤을 췄노라.

용감하게 절망의 거인을 물리쳐 죽이고 의심의 성을 무너뜨린 그들은 계속해서 걸어가 기쁨 산맥에 이르렀다. 그 산은 크리스천과 소망이 과수원, 포도원, 샘 등을 보며 지친 몸과 마음을 회복했던 곳이다. 이들은 예전에 크리스천을 환대해 준 것처럼 자신들을 기쁘게 맞아 준 목자들과 금세 친해졌다.

목자들은 담대를 따라오는 일행 줄이 긴 것을 보고 그에게 물었다. 그들과 담대는 이미 잘 아는 사이였다. "담대 씨, 좋은 벗들을 얻으셨군요. 이분들을 다 어떻게 만나셨나요?"

그러자 담대가 대답했다.

담대 ─ 이분들은 크리스티아나 부인과 그 식구들입니다. 부인의 아들들과 며느리들이지요. 이분들이 다른 길로 벗어나지 않고 옳은 방향으로 가는 마차처럼 죄로부터 은혜로 나아오지 않았다면 이곳에 이르지 못했을 겁니다. 또 차례차례 소개하자면, 이분은 순례 중인 정직 어르신, 마음이 참된 분이라고 제가 장담할 수 있는 멈추기 직전 씨, 뒤처지지 않고 잘 따라온 약한 마음 씨입니다. 선한 의기소침 씨도 소개합니다. 이분은 의기소침 씨의 따님 왕겁쟁이 양이고요. 그럼 이쯤 소개를 마치고 저희가 여기서 머물러도 될지 여부를 알 수 있을까요? 아니면 계속해서 길을 더 가야 할까요? 어떻게 하면 좋을지 알려 주세요.

그러자 목자들이 대답했다. "참 보기 좋은 동행이군요. 약한 분이든 강한 분이든 상관없이 모두 환영입니다. 우리 왕자께서는 지극히 작은 자에게 한 일을 다 보고 계시지요. 따라서 약하다고 환대하지 않는 일은 결코 있을 수 없습니다."마 25:40 목자들은 순례자 일행을 궁전 문 앞까지 데려간 뒤에 말했다. "자, 약한 마음 씨, 들어오세요. 멈추기 직전 씨, 들어오세요. 의기소침 씨, 들어오세요. 의기소침 씨의 따님이신 왕겁쟁이 양도 들어오세요." 그러고 나서 안내자 담대에게 말했다. "담대 씨, 저희가 이분들의 이름을 일일이 부른 것은 이분들은 포기하기 쉬운 약한 분들이기 때문입니다. 하지만 담대 씨를 비롯한 강한 분들은 자유롭게 하셔도 좋습니다."

그러자 담대가 말했다. "오늘따라 여러분의 얼굴에서 은혜가 더 환하게 빛나는군요. 여러분은 참으로 제 주님께 속한 목자들입니다. 여러분은 이 약한 사람들을 옆구리나 어깨로 밀어뜨리지 않고 오히려 이들이 궁전으로 들어가는 길에 꽃을 뿌려 주시는군요."겔 34:21

그리하여 약한 이들이 먼저 들어가고 담대와 나머지 일행이 따라 들어갔다. 그들이 자리를 잡고 앉았을 때도 목자들은 가장 약한 이들에게 먼저 말했다. "뭘 드시고 싶으세요? 여기서 무례한 자들은 따끔하게 훈계를 받지만 약한 사람들은 도움을 받는답니다."

순례자 일행은 소화도 잘되고 맛도 좋고 영양가 높은 음식을 배불리 먹었다. 실컷 배부르게 음식을 먹고 나서 각자의 방으로 안내되어 편히 쉬었다. 이튿날 아침이 되었다. 날이 맑아 높은 산꼭대기까지 훤히 내려다보였다. 이곳에서는 순례자들이 떠나기 전 목자들이 진귀한 것을 보여 주는 게 관례였다. 관례에 따라 순례자들이 일어나 아침 식사를 하고 나자 목자들은 그들을 들판으로 데려가 전에 크리스천에게 보여 주었던 것을 먼저 보여 주었다.

그러고 나서 목자들은 그들이 한 번도 가 본 적 없는 새로운 곳으로 데려갔다. 처음 간 곳은 경이산Mount Marvel이었다. 거기서 보니 멀리서 한 사람이 말로 산들을 들어 던지고 있었다. 순례자들은 목자들에게 이것이 무슨 의미인지 물었다. 이에 목자들은 그 남자가 큰 은혜Great-grace의 아들이라고 말했다. 큰 은혜에 관해서는 독자들이 《천로역정》 1부에서 읽어서 알 것이다. 여하튼 그 남자는 순례자들에게 모든 어려움을 믿음으로 이겨 내는 법을 가르치기 위해 본보기를 보이는 중이었다.막 11:23-24 담대는 그 남자를 가리키며 이렇게 말했다. "나는 저 사람을 압니다. 저 사람은 누구보다도 뛰어난 사람이지요."

목자들은 순례자들을 또 다른 곳으로 데려갔다. 순결산Mount Innocent이라는 그곳에는 편견Prejudice과 악의Ill-will라는 두 남자가 빛나는 순백의 옷을 입은 한 남자에게 계속해서 흙을 던지고 있었다. 그런데 두 남자가 던진 흙은 금방 옷에서 떨어져 나갔다. 그래서 그 남자의 옷은 전혀 흙이 묻지 않은 것처럼 다시 새하얘졌다.

"저건 무슨 뜻이지요?" 순례자들의 물음에 목자들은 이렇게 대답했다. "이 사람의 이름은 경건한 사람Godly-man입니다. 이 옷은 그의 순결한 삶을 의미합니다. 그에게 흙을 던지는 자들은 그의 선행을 몹시 미워한답니다. 하지만 보다시피 흙은 그가 입은 옷에 계속해서 붙어 있지 못합니다. 그래서 그는 세상에서 참으로 순결하게 살아갈 수 있지요. 다른 사람들이 아무리 그를 더럽히려고 해도 소용이 없답니다. 하나님이 순식간에 그의 순결을 빛처럼 환히 드러내고 그의 의가 한낮처럼 밝게 빛나게 해 주시니까요."

이번에는 목자들이 순례자들을 자비산Mount Charity으로 데려가 한 남자를 보여 주었다. 남자 앞에는 천이 수북이 쌓여 있었다. 그는 그 천을 잘라 주변에 서 있는 가난한 사람들을 위한 옷가지를 만들었다.

그런데 그가 아무리 잘라도 천은 줄어들지 않았다.

순례자들이 물었다. "이건 무슨 의미지요?"

목자들이 대답했다. "가난한 사람을 위해 열심히 섬기는 사람은 절대 부족함이 없다는 뜻입니다. 다른 사람에게 물을 주면 자신도 목마를 일이 없답니다. 한 과부가 선지자에게 떡을 만들어 주었지만 그릇 안의 밀가루는 조금도 줄어들지 않았지요."

목자들은 순례자들을 어느 한 곳으로 데려가 에티오피아 사람의 검은 피부를 하얗게 만들려고 열심히 씻기는 바보Fool와 얼간이Want-wit 두 사람을 보여 주었다. 그런데 씻길수록 그의 피부는 오히려 점점 더 새카매졌다. 순례자들에게 그 의미를 묻자 목자들은 이렇게 대답했다. "이 모습은 비열한 인간이 어떻게 되는지를 보여 줍니다. 악한 자는 선한 이름을 얻기 위해 온갖 수단을 동원해도 오히려 더 혐오스러워질 뿐이랍니다. 바리새인들의 경우가 그러했지요. 모든 위선자의 끝이 그와 같습니다."

이때 마태의 아내 긍휼이 시어머니 크리스티아나에게 말했다. "어머니, 괜찮다면 산에 난 구덩이를 보고 싶어요. 지옥행 지름길이라고 부르는 그 구덩이 말이에요." 크리스티아나는 며느리의 마음을 목자들에게 전했다. 그러자 목자들은 그들을 언덕 옆에 있는 문으로 데려가 문을 열고서 긍휼에게 잠시 들리는 소리에 귀 기울여 보라고 말했다. 긍휼이 잘 들어 보니 누군가가 이렇게 말하는 소리가 들렸다. "평안과 생명으로 가지 못하도록 아버지가 내 발목을 잡는 바람에 이 꼴이 되었구나!" 곧이어 또 다른 소리가 들렸다. "아, 갈가리 찢겨 죽는 한이 있더라도 내 영혼만큼은 잃지 말았어야 하는데!" 또 다른 소리가 이어졌다. "다시 살 수 있다면 이곳에 오지 않도록 나 자신을 부인할 텐데!" 그때 긍휼의 발밑에서 마치 땅이 신음하며 진동하는 것 같았다.

긍휼은 얼굴이 새하얗게 질려 벌벌 떨며 말했다. "이곳에서 구원받은 자들은 실로 한없이 복된 자로구나!"

목자들은 이 모든 것을 다 보여 준 뒤에 순례자들을 다시 궁전으로 데려와 온갖 진귀한 맛 좋은 음식들을 대접했다. 그런데 아이를 키우는 젊은 엄마인 긍휼은 그곳에서 본 뭔가를 몹시 갖고 싶었지만 부끄러워서 차마 말하지 못하고 있었다. 며느리가 끙끙 앓는 것을 눈치챈 시어머니가 묻자 긍휼은 속을 털어놓았다. "식당에 거울 하나가 걸려 있었는데 계속 눈에 어른거려요. 그걸 갖지 못하면 배 속의 아이가 잘못될 것만 같은 기분이에요."

그러자 시어머니가 말했다. "목자들에게 한번 부탁해 보마. 아마 거절하시지는 않을 게다."

"하지만 제가 그걸 원한다는 걸 그분들이 알면 부끄러워요."

"얘야, 그런 걸 원하는 건 부끄러운 일이 아니라 오히려 칭찬받을 일이란다."

"그럼 어머니, 그걸 제게 팔 수 있는지 목자들에게 물어봐 주시겠어요?"

그 거울은 매우 보기 드문 보물이었다. 한쪽 면은 보는 사람의 생김새를 정확히 보여 주지만, 반대쪽 면으로 돌리면 순례자들의 왕자의 얼굴과 모습을 보여 주었다. 그 거울을 본 적 있는 사람들과 이야기를 나누어 보니, 그 거울에서 머리에 가시관을 쓰신 그분을 보았다고 한다. 그분 손과 발, 옆구리에 난 구멍을 보았다는 이들도 있다. 그 거울은 실로 진귀한 것이어서, 누구든 그분을 보기 원하는 사람에게 그분의 살아 있는 모습이나 죽은 모습, 땅에 계신 모습이나 하늘에 계신 모습, 굴욕을 당하시는 모습이나 높임을 받으신 모습, 고난받기 위해 오시는 모습이나 다스리기 위해 오시는 모습을 보여 준다. 약 1:23; 고전 13:12; 고후 3:18

크리스티아나는 혼자서 지식Knowledge, 경험Experience, 경계Watchful, 성실Sincere이란 이름의 네 목자들을 찾아가 청했다. "지금 배 속에 아이를 가진 우리 며늘아기가 이 집에서 뭔가를 보고서는 너무 갖고 싶어 하네요. 어찌나 간절한지 목자님들이 그걸 주시지 않으면 배 속 아이를 잃을 것만 같다지 뭐예요."

경험 ⁄ 뭐든 드릴 테니 어서 며느님을 부르세요.

목자들은 긍휼을 불러 이렇게 말했다. "긍휼 부인, 무엇을 원하시나요?"

그러자 다소 빨개진 얼굴로 긍휼이 부끄러워하며 말했다. "저…… 그러니까…… 식당에 걸려 있는 큰 거울이요."

그 말에 성실이 재빨리 달려가 거울을 가져왔고, 기쁜 마음으로 그 거울을 긍휼에게 주었다. 긍휼은 허리를 90도로 숙여 감사를 표시했다. "이렇게 귀한 걸 내주시다니, 제가 얼마나 큰 사랑을 받고 있는지 알겠어요."

목자들은 다른 여인들에게도 각자 원하는 것을 주었고, 그 남편들에게는 담대를 도와 절망의 거인을 죽이고 의심의 성을 허문 일을 크게 칭찬했다.

목자들은 크리스티아나의 목에 목걸이를 걸어 주고, 네 며느리에게도 똑같이 해 주었다. 또한 귀에는 귀걸이를 걸어 주고, 이마에도 보석을 붙여 주었다.

순례자들이 떠날 때가 되자 목자들은 평안히 가기를 빌어 주었다. 다만 전에 크리스천과 그의 길동무에게 했던 것처럼 주의할 점을 말해 주지는 않았다. 이번에는 안내자 담대가 동행했기 때문이다. 순례의 길을 훤히 알고 있는 담대가 위험이 닥치기 전 주의할 점을 말해 주면 되니 말이다.

전에 크리스천과 길동무는 목자들에게 주의를 들어 놓고도 정작 기억해야 하는 순간에 까먹지 않았는가! 그런 면에서 안내자와 동행하는 이번 순례자들이 더 유리했다. 순례자들은 이렇게 노래하며 다시 길을 나섰다.

보라, 안식처가 얼마나 적절히 마련되어 있는지,
그곳이 순례자들에게 얼마나 큰 위로가 되는지!
저들이 우리를 한 명도 빠짐없이 받아 준 덕분에
우리는 다른 삶을 목표요, 집으로 삼아 간다네.

저들이 우리에게 어떤 진기한 것들을 베풀어 준 덕분에
우리는 순례를 하면서도 기쁘게 산다네.
또한 저들이 우리에게 준 것들은
어디를 가나 우리가 순례자임을 드러낸다네.

목자들과 헤어져 길을 가던 순례자들은 곧 크리스천이 변절Apostasy 마을에 살던 배신자Turn-away를 만났던 곳에 도착했다. 안내자 담대는 순례자들이 그에 관해 주의하도록 당부하며 말했다. "이곳은 크리스천이 변절이란 자를 만난 곳입니다. 그자의 등에는 반역자라는 표시가 있지요. 그자에 관해 당부할 말이 있습니다. 그자는 누구의 권고에도 귀를 기울이지 않는 사람이에요. 그래서 타락한 뒤에는 그 누가 설득해도 그를 돌이키게 할 수 없었답니다. 그가 십자가와 무덤이 있는 곳에 이르자 어떤 사람이 그에게 그것들을 보라고 권했습니다. 하지만 그자는 이를 악물고 발로 땅을 내리찍으며 반드시 고향으로 돌아갈 것이라고 말했지요. 그는 좁은 문에 이르기 전에 전도자를 만났습니다. 전도자는 그가 몸을 돌려 다시 순례의 길을 가도록 안수해 주겠다고 말했지만 그자는 매몰차게 그 손을 뿌리쳤답니다. 그자는 전도자에게 마구 욕을 퍼붓고서 담을 넘어 순식간에 사라졌어요.히 10:26-29"

순례자들은 또다시 남은 순례의 길을 걸어갔다. 전에 작은 믿음이 강도를 당했던 곳에 이르니 한 남자가 얼굴에 온통 피투성이인 채로 칼을 뽑아 들고 서 있었다. 놀란 담대가 그를 보고 물었다. "그대는 누구신가요?"

남자가 대답했다. "제 이름은 진리의 용사Valiant-for-truth입니다. 천성으로 가는 순례자지요. 그런데 그곳으로 가던 중에 세 놈에게 공격을 받았답니다. 놈들은 제게 세 가지 안에서 고르라더군요. 첫째, 자기들처럼 되든지, 둘째, 제가 떠나온 곳으로 돌아가든지, 셋째, 이 자리에서 죽든지.잠 1:10, 14

첫 번째 안에 대해서는, 저는 오랫동안 진리의 용사로 살아왔기 때문에 강도 무리에 들어가는 일은 있을 수 없다고 대답했습니다. 그랬더니 그자들은 두 번째 안에 어서 답하라고 윽박지르더군요. 그래서 제가 떠나온 곳을 불편하게 여기지 않았다면 그곳을 버리지 않았겠지만 그곳이 제게 전혀 맞지 않고 유익하지도 않아서 이렇게 떠난 거라고 대답했습니다. 그랬더니 놈들은 이제 세 번째 안에 답하라고 하더군요. 그래서 저는 제 목숨이 함부로 버리기에는 너무 귀한 것이라고 답했습니다. 또한 너희는 내게 선택을 강요할 입장이 아니니 괜히 까불다가 혼날 줄 알라고 호통쳤습니다. 그랬더니 이자들, 그러니까 거친 야만Wild-bead, 경솔Inconsiderate, 독단Pragmatic 이 세 놈이 한꺼번에 덤벼들더군요. 저는 당연히 상대해 주었지요.

그렇게 삼 대 일의 대결이 벌어졌답니다. 거의 세 시간 넘게 싸웠지요. 보다시피 놈들은 제게 적지 않은 상처를 입혔습니다. 하지만 놈들도 못지않게 상처를 입었지요. 놈들은 방금 전에 도망쳤습니다. 아마도 여러분 말이 질주하는 소리를 듣고 도망친 것 같습니다."

담대 ⁄ 삼 대 일이라니, 너무 불공평한 싸움이네요.

진리의 용사 ─ 그렇긴 합니다. 하지만 진리의 편에서 싸우는 사람에게는 숫자의 많고 적음은 중요하지 않습니다. 그래서 "군대가 나를 대적하여 진 칠지라도 내 마음이 두렵지 아니하며 전쟁이 일어나 나를 치려 할지라도 나는 여전히 태연하리로다"라는 말씀이 있지요.시 27:3 또한 불과 한 사람이 군대와 싸웠다는 기록을 읽은 적이 있어요. 아, 그리고 삼손이 나귀 턱뼈로 얼마나 많은 적을 죽였습니까?

담대 ─ 아, 그런데 왜 사람들에게 구해 달라고 소리 지르지 않으셨나요?

진리의 용사 ─ 물론 구해 달라고 소리 질렀지요. 다만 사람 말고 제 크신 왕께 도움을 요청했습니다. 그분이 들으시고 보이지 않는 도움을 주실 줄 잘 알았거든요. 그분의 도움이면 충분했습니다.

담대 ─ 정말 잘하셨네요. 혹시 검 좀 볼 수 있을까요?

진리의 용사는 담대에게 검을 보여 주었다. 그 검을 받아 잠시 살펴보던 담대는 탄성을 질렀다.

담대 ─ 이럴 수가! 이건 바로 예루살렘의 검이 아닙니까?사 2:3

진리의 용사 ─ 바로 그렇습니다. 이 검을 휘두를 손과 제대로 사용할 기술만 있다면 천사도 너끈히 상대할 수 있지요. 이 검만 있으면 두려울 게 없어요. 날이 절대 무뎌지지 않는 이 검은

살과 뼈는 물론이고 영과 혼까지 모든 것을 쪼개는 엄청난 검이랍니다. 엡 6:12-17; 히 4:12

담대 ⁄ 그건 그렇고, 한참 싸우셨는데 피곤하지 않으십니까?

진리의 용사 ⁄ 검이 손에 엉겨 붙을 때까지 싸웠어요. 검이 마치 제 팔에서 뻗어 나고 몸의 피가 손가락을 통해 칼끝까지 흐르는 것처럼 제 손과 하나가 되어 딱 붙은 지경이었지요. 최대치로 용기를 끌어올려 싸웠답니다. 삼하 23:10

담대 ⁄ 정말 잘하셨습니다. 피를 흘리기까지 죄와 싸우셨군요. 저희와 같은 곳을 가고 계시니 이제 저희와 함께하시지요.

그리하여 순례자 일행은 진리의 용사를 데려가 상처를 씻기고 가져온 음식을 주고 나서 함께 순례의 길을 걸어갔다. 담대는 자신처럼 용맹한 사람을 만난 것이 몹시 기뻤다. 강한 사람이 합류했으니 자신과 동행하는 약한 이들에게 큰 도움이 되리라 여겼다. 계속해서 진리의 용사와 함께 길을 가던 중 담대는 많은 질문을 던졌다. 먼저, 그가 어디 출신인지부터 물었다.

진리의 용사 ⁄ 저는 어두운 땅Dark-land에서 왔습니다. 그곳에서 태어났고 제 부모님은 여전히 그곳에 계시지요.

담대 ⁄ 어두운 땅이요? 멸망의 도시와 같은 해변을 끼고 있는 곳이 아닌가요?

진리의 용사 ⁄ 맞습니다. 제가 그곳을 떠나 순례의 길에 나선 이유는 이렇습니다. 한번은 진리 전달자Tell-true가 우리 마을에 와서 크리스천의 행적에 관해 알려 주었어요. 그때 크리스천이 어떻게 아내와 자녀들을 두고 멸망의 도시를 떠나 순례자의 삶을 시작했는지 알게 되었답니다. 크리스천이 여행 중에 자신의 길을 막으려고 나타난 뱀을 죽인 일을 비롯해서 목적지까지 가는 길에 어떤 과정을 거쳤는지 자세히 전해 들었습니다. 크리스천이 주님의 거처에서, 특히 천성의 문에 도착했을 때 어떤 환대를 받았는지도 들었습니다. 빛나는 자들의 무리가 나팔을 불며 크리스천을 환영했다고 하더군요. 그가 도착하자 천국의 모든 종이 울리며 기쁨을 표현했고, 그가 황금 옷을 입었다는 이야기도 들었지요. 이외에도 그에 관한 이야기를 하자면 끝이 없습니다. 어쨌든 진리 전달자에게서 크리스천과 그의 순례에 관한 이야기를 듣고서 가슴이 활활 타올라 급히 크리스천을 따라 길을 나설 수밖에 없었습니다. 부모님도 저를 말릴 수 없었지요. 그래서 부모님과 고향을 떠나 여기까지 오게 된 겁니다.

담대 / 좁은 문을 통해서 오셨나요?

진리의 용사 / 물론입니다. 진리 전달자에게 그 문을 통해 이 순례를 시작하지 않으면 아무 소용이 없다는 말을 들었거든요.

이때 담대가 크리스티아나를 보며 말했다. "보세요, 부인! 남편 분의 순례에 관한 이야기가 이렇게 온 나라에 파다하게 퍼졌답니다."

진리의 용사 ─ 뭐라고요? 이분이 크리스천의 아내 분이라고요?

담대 ─ 그래요. 이들은 크리스천의 네 아들이고요.

진리의 용사 ─ 이럴 수가! 이들도 순례를 하고 있군요?

담대 ─ 아버지가 지나간 길을 그대로 따라가고 있습니다.

진리의 용사 ─ 정말 반가운 소식이군요! 선한 크리스천! 함께 가지 못한 가족들이 자신을 따라 천성의 문을 들어오는 모습을 보면 얼마나 기쁠까요?

담대 ─ 말할 것도 없이 큰 위안이 되겠지요. 아내와 자녀들을 만나는 기쁨은 자신이 천국에 들어갈 때의 기쁨 못지않을 겁니다.

진리의 용사 ─ 말이 나온 김에 한 가지 물어보고 싶은 게 있습니다. 천국에 들어가고 나면 우리가 서로를 알아볼 수 없을 것이라 말하는 사람들이 있는데, 어떻게 생각하시나요?

담대 ─ 그러면 그들은 천국에서 자기 자신은 알아볼 것이라고 생각하나요? 또 자신이 그 지복에 이른 것을 기뻐할까요? 그렇다면 자신은 알아보면서 어떻게 다른 사람들을 몰라볼 것이라 생각하나요? 천국에서도 다른 사람들을 알아보고 그들이 그곳에 온 것을 기뻐할 수 있습니다. 물론 천국에서 가족이란 개념은 없어지겠지만 가족은 제 2의 자신이기 때문에 천국에서 그들을 보지 못하는 것보다 보는 것이 훨씬 더 기쁘리라는 것은 당연하지요.

진리의 용사 ─ 무슨 말씀인지 대충 알 것 같습니다. 제가 어떻게 순례를 시작했는지에 관해 더 물어볼 것은 없습니까?

담대 ⁄ 아, 있습니다. 그대가 순례자가 되는 걸 부모님은 반기셨나요?

진리의 용사 ⁄ 아니요. 그렇지 않았습니다. 부모님은 어떻게든 제가 가지 못하도록 막으려고 하셨지요.

담대 ⁄ 뭐라고 하면서 막으셨나요?

진리의 용사 ⁄ 그 삶은 게으른 삶이라고 하셨어요. 게으르지 않고 나태하지 않은 사람이 순례의 삶을 원할 리가 없다고 하셨지요.

담대 ⁄ 부모님이 또 뭐라고 말씀하셨나요?

진리의 용사 ⁄ 순례 길은 위험하다고 하셨어요. 아니, 그 정도가 아니라 순례자들이 가는 길은 세상에서 가장 위험한 길이라고 하셨지요.

담대 ⁄ 이 길이 왜 그토록 위험한지, 그 이유도 알려 주시던가요?

진리의 용사 ⁄ 네, 위험한 이유들을 아주 구체적으로 지적하셨지요.

담대 ⁄ 어떤 이유였지요?

진리의 용사 ⁄ 부모님은 크리스천이 질식해 죽을 뻔했던 절망의 늪에 관해 말씀하셨어요. 좁은 문으로 들어가려고 문을 두드리는 이들을 쏘려고 활시위를 끝까지 당긴 바알세불성의 궁수들에 관한 이야기도 하셨고요. 숲, 곤고의 산의 어두운 길, 사자들, 피비린내 나는 남자, 망치, 선 죽이기 같은 흉측한 거인에 관해서도 경고해 주셨지요. 겸손의 골짜기에서는 악마들이 출몰한다는 이야기도요. 거기서 크리스천도 거의 죽을 뻔했다고 하더군요. "게다가 도깨비들이 득실거리고 어두컴컴하고 곳곳에 깔린 덫, 구덩이, 함정이 있는 사망의 음침한 골짜기도 지나야 해"라고 말씀하셨지요. 부모님은 절망의 거인이며 의심의 성, 그곳에서 순례자들이 겪은 고초에 관해 자세히 말씀하셨어요. 마법에 걸려 위험천만해진 땅도 지나야 한다고 하시면서, 그런데 거기서 끝이 아니라고, 다리도 없는 강을 건너야 겨우 천국에 이를 수 있다고 단단히 겁을 주시더군요.

담대 ⁄ 그게 다인가요?

진리의 용사 ⁄ 아니요, 선한 사람들이 길에서 벗어나도록 유혹하려고 길에서 기다리는 자들이 득실댄다는 말씀도 하셨지요.

담대 ⁄ 구체적으로 어떤 자들이 있다고 하시던가요?

진리의 용사 ⁄ 세속 현자Worldly Wiseman가 거짓말로 사람들을 속이려고 기다린다고 하시더군요. 허례와 위선도 나타날 거라고, 또 사심이나 수다쟁이, 데마도 저를 유혹하려 다가올 것이고, 아첨꾼Flatterer도 저를 옭아매려고 호시탐탐 노린다고 하셨습니다. 어리석은 무지Ignorance가 천성의 문을 향해 가는 줄 알고 따라가겠지만, 그는 지옥행 지름길인 산비탈의 구덩이에 빠지기 쉽다는 말씀도 덧붙이셨지요.

담대 ⁄ 거기까지만 듣고도 충분히 낙심하셨겠습니다. 부모님 이야기는 거기서 끝났나요?

진리의 용사 ⁄ 그럴 리가요. 정말 끝이 없었어요. 부모님은 너도나도 이야기하는 그 영광스러운 것이 실제로 있나 보려고 그 옛길로 한참 가다가 결국 돌아와 비웃음을 산 사람이 많았다고 하셨습니다. 고생만 죽도록 하다가 집에 돌아오려고 나섰냐며 온 마을 사람이 비아냥거렸다더군요. 부모님은 그렇게 온 마을의 웃음거리가 된 고집과 변덕, 불신과 겁쟁이, 배신자와 나이 든 무신론자Atheist 등의 사람들을 거론하셨지요. 부모님 말씀으로는, 그들이 꽤 멀리까지 갔지만 아무 유익도 발견하지 못했다고 합니다.

담대 ⸝ 이외에도 순례의 의지를 꺾는 말씀을 또 하셨나요?

진리의 용사 ⸝ 네, 이번에는 두려움 씨라는 순례자 이야기를 꺼내셨어요. 그에게 이 길은 지독히 외로워서 한순간도 마음이 편한 적이 없었다고 합니다. 의기소침 씨는 이 길에서 굶어 죽었을 가능성이 높다고 하셨고요. 아, 참, 잊을 뻔했네요. 천국의 면류관을 얻기 위한 용감한 모험으로 소문이 자자했던 크리스천도 검은 강Black River에 빠져서 죽은 게 틀림없다고 하시더군요. 어떻게 이 사실이 은폐되었는지 모르겠다며 혀를 차셨지요.

담대 ⸝ 그래서 순례의 길에 나설 마음이 사라졌나요?

진리의 용사 ⸝ 전혀 아닙니다. 그 어떤 말도 전혀 신경 쓰이지 않았어요.

담대 ⸝ 어떻게 그럴 수 있었나요?

진리의 용사 ⸝ 진리 전달자의 말을 굳게 믿었기 때문에 다른 모든 말을 한 귀로 듣고 한 귀로 흘려 버릴 수 있었습니다.

담대 ⸝ 그야말로 믿음의 승리를 거두셨군요.

진리의 용사 ― 그렇습니다. 믿었기에 고향을 떠나 이 순례 길을 시작할 수 있었고, 제 앞길을 막는 모든 자들과 싸울 수 있었습니다. 믿음 하나만으로 여기까지 왔어요.

진정한 용기를 보고 싶은 자여,
이리로 오라.
바람이 부나 날씨가 사나우나
늘 한결같은 이,
그 누가 그 어떤 부정적인 말을
쏟아 내도
순례자가 되겠다는
그의 첫 결심을
약하게 할 수 없으리니.
음울한 이야기는
그 이야기를 하는 사람만 좌절시킬 뿐,
그의 힘은 오히려 더 강해진다네.
사자도 그를 두렵게 할 수 없네.
거인과 맞서야 하겠지만
그는 순례자의 길을 결코 포기하지 않는다네.
도깨비도 못된 악마도
그의 기를 꺾을 수 없네.
그는 마침내는

생명을 물려받게 될 줄을 안다네.

그래서 잡념을 떨쳐 내고

다른 사람들의 말에 신경 쓰지 않는다네.

밤낮으로 열심히

순례자의 길을 갈 뿐.

●

"이 검을 휘두를 손과
제대로 사용할 기술만 있다면
천사도 너끈히 상대할 수 있지요.
이 검만 있으면 두려울 게 없어요.

날이 절대 무뎌지지 않는 이 검은
살과 뼈는 물론이고
영과 혼까지 모든 것을 쪼개는
엄청난 검이랍니다."

CHAPTER 9

지도를 펴고 등불을 켜며

영적 긴장감과 기도의 끈

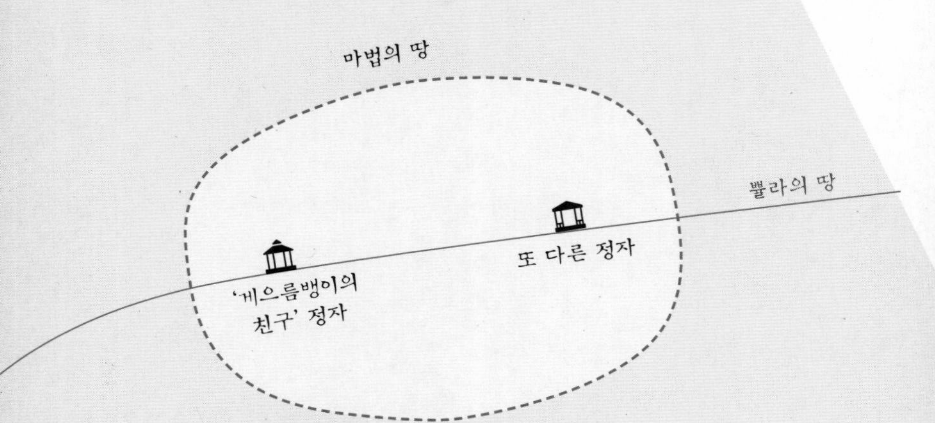

이제 순례자들은 마법의 땅에 도착했다. 이 땅에는 사람을 한없이 졸리게 하는 공기가 가득했고, 마법에 걸린 정자가 있는 곳을 빼고는 여기저기 가시나무가 무성하게 자라 있었다. 누구든 이 정자에 앉거나 잠이 들면 다시는 깨어나지 못한다는 말이 있어 특히 조심해야 했다.

순례자들은 서로 짝을 이루어서 이 삼림지대를 건너갔고, 안내자인 담대가 그보다 앞서 길을 나섰다. 혹시라도 악마나 용, 거인, 강도가 뒤쪽을 기습할 경우를 대비해서 진리의 용사가 맨 뒤를 지켰다. 그곳이 위험한 지역인 줄 알았기에 한 명도 빠짐없이 검을 손에 뽑아 든 채 조심스레 길을 걸었다. 또한 서로를 힘껏 응원하는 격려의 말도 잊지 않았다. 담대는 약한 마음에게 자기 뒤에 바짝 붙으라고 말했고, 진리의 용사는 의기소침을 한시도 눈을 떼지 않고 살폈다.

그런데 얼마 가지도 못했는데 극심한 안개와 어둠이 순례자 일행 전체를 뒤덮는 바람에 한동안 서로를 거의 보지 못하는 상태에서 걸어야 했다. 눈앞이 흐려 제대로 앞을 보며 걷기 힘드니 말소리로 서로의 위치와 상태를 확인하며 걸었다.

힘이 센 사람도 걷기 힘들 정도니 다리와 마음 모두가 연약한 여인들과 아이들은 얼마나 힘들었을지! 하지만 그들은 비틀거리면서도 앞뒤로 보호해 주는 길동무에게서 격려의 말을 들으며 씩씩하게 발걸음을 내딛었다.

그러나 땅이 질어서 질퍽질퍽한 그 길은 걷기가 무척이나 힘든 데다 지친 몸을 쉬고 갈 만한 여관이나 음식점 하나 보이지 않았다. 점차 끙끙 앓는 소리와 푹푹 내쉬는 한숨이 여기저기서 터져 나왔다. 급기야 한 사람이 엉클어진 수풀에 걸려 엎어지고 또 다른 사람은 진흙에 발이 빠져 꼼짝도 못 하고 그야말로 난리였다. 몇몇 아이는 진흙에 신발을 빠뜨려 결국 잃어버리고야 말았다. 한 사람이 "넘어졌어요!"라고 소리치면 다른 사람이 "어디예요?"라고 받아 외치고, 또 다른 사람이 "덤불에 단단히 걸려서 도무지 빠져나올 수가 없어요"라고 이어 말했다.

힘겨운 사투 끝에 순례자 일행은 여행객들의 쉼을 위해 마련된 정자에 겨우 도착했다. 아름다운 지붕에 푸릇한 풀밭이 주변에 가득하고 앉아서 쉴 만한 의자가 마련된 정자였다. 지친 몸을 누이기에 안성맞춤인 푹신한 소파도 놓여 있었다. 힘든 여정에 지친 순례자들에게는 더없이 매력적인 장소였다. 하지만 순례자 중 정자에 머물려는 사람은 단 한 명도 없었다. 왜냐하면 안내자 담대가 계속해서 경고한 내용에 주의를 기울였기 때문이다. 안내자는 위험이 닥치면 어떤 종류의 위험인지 정확히 알려 주었고, 나머지 일행은 안내자의 경고를 들을 때마다 정신을 똑바로 차렸다. 그들은 육신의 정욕을 부인하자고 서로를 격려하며 가던 길을 꿋꿋이 걸어갔다. 사실 이 정자는 지친 순례자들이 그곳에 눌러앉도록 유혹하려는 목적으로 설치된, 게으름뱅이의 친구Slothful's Friend라는 정자였다.

그때 내가 꿈에서 보니, 순례자들은 이 어둡고 적막한 땅을 지나 누구라도 길을 쉽게 잃을 만한 곳에 도착했다. 훤한 대낮이라면 안내자가 엉뚱한 곳으로 빠지는 길을 쉽게 파악할 수 있었겠지만 아무것도 보이지 않는 칠흑 같은 어둠 속이라 가던 길을 멈출 수밖에 없었다. 다행히 담대의 호주머니에는 천성으로 오가는 모든 길이 나와 있는 지도가 있었다. 담대가 부싯돌로 불을 켜서(그는 늘 부싯돌을 몸에 지니고 다녔다) 지도를 보니 지금 있는 자리에서 반드시 오른쪽 길로 가야 한다고 나와 있었다. 그가 거기서 지도를 보지 않았다면 순례자 일행은 자칫 진흙 늪에 빠져 숨이 막혀 죽을 수도 있었다. 언뜻 깨끗하게 보이는 바로 앞 길에 깊이를 알 수 없는 진흙 구덩이가 있었기 때문이다. 그 구덩이는 순례자들을 죽이려고 일부러 파 놓은 함정이었다.

그때 나는 이런 생각을 했다. '어디로 가야 할지 몰라 멈췄을 때 길을 확인할 지도 없이 순례의 길을 떠나면 큰일 나겠구먼.'

그들이 마법에 걸린 이 땅을 계속해서 걸어가는데, 또 다른 정자가 나왔다. 그 정자는 큰 길가에 있었다. 이 정자에는 부주의Heedless와 무모Too-bold라는 이름의 두 사람이 누워 있었다. 두 사람은 이곳까지는 순례의 길을 무사히 잘 걸어왔지만 여기서 지친 몸을 누이고 쉬다가 그만 깊은 잠에 빠져들고 말았다. 부주의와 무모 두 사람을 본 순례자 일행은 가던 발걸음을 멈추고 그들 모습에 안타까워하며 고개를 내저었다. 그러고 나서 저들을 그냥 자게 놔두고 가던 길을 계속

갈지 아니면 다가가서 깨울지를 의논했다. 결국, 그들을 깨워 보기로 결정했다. 단, 그들은 정자에 앉아서 쉬거나 그 정자의 안락함을 누리지 않도록 조심하기로 했다.

순례자들이 다가가 조심스레 이름을 불렀지만(담대가 그들을 알았기 때문으로 보인다) 아무런 낌새도 없었다. 이번에는 담대가 그들을 흔들어 깨웠다. 그러자 둘 중 한 명이 갑자기 "돈이 생기면 갚겠소"라고 툭 내뱉는 것이 아닌가. 그 말에 담대는 고개를 흔들었다. 이번에는 다른 사람이 "검을 손에서 놓치기 전까지 싸우겠소"라고 말했다. 아이 중 한 명이 그 말에 소리 내어 웃었다.

이때 크리스티아나가 물었다. "도대체 이게 다 무슨 말이지요?"

담대가 말했다.

담대 ⁄ 잠꼬대를 하는 겁니다. 우리가 찌르고 때리고 무슨 짓을 해도 이런 식으로 반응할 겁니다. 이들은 예전에 파도가 세차게 치는데도 돛대 위에서 한가로이 자면서 '내가 언제나 깰까 다시 술을 찾겠다'라고 말하는 사람과 같답니다.잠 23:34-35 그런데 아시다시피 사람이 잠결에는 이 말 저 말 하지만 그 말은 믿음이나 머리에서 나온 말이 아닙니다. 이들이 순례 길을 갈 때 하던 말과 지금 여기 누워서 하는 말은 전혀 다릅니다. 순례 길에서 부주의하면 누구나 이런 꼴을 당하기 십상이지요.

마법의 땅은 원수가 순례자들을 무너뜨리기 위해 설치한

마지막 안식처 중 하나입니다. 그래서 보다시피 순례 길이 거의 끝나 가는 이곳에 있는 거지요. 그래서 더 위험한 곳입니다. 여행 끝 무렵에는 몸이 그야말로 천근만근이라서 그냥 앉아서 쉬고만 싶은 마음이 이전보다 훨씬 더 간절해지니까요. 원수는 바로 이 점을 노리고 있습니다. 그래서 마법의 땅은 쁄라의 땅The Land of Beulah에서 정말 가깝습니다. 순례자들은 이들처럼 잠에 빠지지 않도록 각별히 주의해야 합니다. 일단 잠이 들면 아무도 깨울 수 없거든요.

순례자들은 두려움에 떨면서 서둘러 걸음을 재촉했다. 다만 어두운 데를 비추며 남은 길을 갈 수 있도록 안내자에게 등불을 켜 달라고 부탁했다. 안내자 담대가 등불을 켜자 사방이 칠흑같이 어두운 가운데서도 그 빛에 의지하여 이 길의 나머지를 무사히 지나갈 수 있었다. 벧후 1:19

하지만 아이들은 벌써부터 지친 기색이 역력했다. 어느 순간부터 아이들은 순례자들을 사랑하시는 왕께 이 길을 좀 더 편하게 해 달라고 부르짖고 있었다. 얼마 지나지 않아 조금 더 길을 걸어가자 어디선가 바람이 불어와 짙은 안개가 걷히니 공기가 훨씬 더 깨끗해졌다.

하지만 아직 마법의 땅에서 다 벗어난 것은 아니었다. 단지 서로의 모습과 걸어가야 할 길이 좀 더 잘 보였을 뿐이다.

마법의 땅 막바지에 거의 다다랐을 때 저만치서 크게 속 끓이며 신음하는 소리가 들렸다. 계속해서 걸어가 보니 무릎을 꿇고 있는 한 남자의 모습이 보였다. 그는 두 손과 두 눈을 하늘로 향한 채 위에 계신 분께 간절히 기도 중이었다. 순례자 일행이 코앞까지 다가갔는데도 그가 무슨 기도를 드리는지 도무지 알아듣기 힘들었다. 순례자 일행은 그를 방해하지 않으려고 조용히 발걸음을 뗐다. 그런데 그는 기도를 마치더니 벌떡 일어나서는 천성을 향해 달리기 시작했다.

담대가 그를 불러 세웠다. "여보시오! 천성으로 가는 것 같은데, 우리와 같이 갑시다!"

그 말에 남자는 길을 멈추었고 순례자 일행은 그에게 다가갔다. 정직이 그를 보자마자 "내가 아는 사람이오"라며 반가워했다.

진리의 용사가 물었다. "그래요? 누구지요?"

"이 사람은 나와 같은 마을 사람이오. 불굴Stand-fast이라는 이름의 사람인데, 정말 올바르고 선한 순례자라오."

그렇게 순례자 일행과 불굴이 만났고, 불굴도 반가워하며 정직에게 말했다.

불굴 ⁄ 혹시 정직 아저씨 맞으신가요?

정직 ⁄ 그렇다네. 자네, 내가 아는 그 불굴 맞지?

불굴 ⁄ 네, 맞아요. 여기서 아저씨를 뵙다니, 정말 반갑습니다.

정직 ⁄ 나도 반갑네. 그런데 아까 보니까 무릎을 꿇고 있던데.

불굴 ⁄ (얼굴을 붉히며) 아, 보셨어요?

정직 ⁄ 그래, 봤네. 그 모습을 보고 얼마나 기뻤는지 모르네.

불굴 ⁄ 어떤 생각이 드셨길래요?

정직 ─ 어떤 생각이 들었냐고? 길에서 정직한 사람을 만났으니 같이 가면 좋겠다고 생각했지.

불굴 ─ 다들 괜찮으시다면 저야 좋지요. 하지만 그게 아니라면 아쉽지만 어쩔 수 없이 혼자서라도 가야겠지요.

정직 ─ 자네가 순례자들의 왕자님을 경외하는 것을 보니 같이 가도 되겠네. "항상 경외하는 자는 복되거니와"라는 말씀이 있지 않은가.잠 28:14

진리의 용사 ─ (불굴을 보며) 그런데 형제님, 왜 그렇게 무릎을 꿇고 있었는지 그 이유를 알려 주실 수 있나요? 무슨 특별한 은혜를 입어서 그런 건가요? 아니면 다른 이유라도?

불굴 ─ 아, 아시다시피 여기는 마법의 땅입니다. 저는 이 땅을 걸으면서 이곳이 얼마나 위험한 곳인지를 곰곰이 생각했습니다. 여기까지 왔다가 더 가지 못하고 죽는 순례자가 얼마나 많습니까. 이곳에 찾아오는 죽음의 방식에 관해서도 생각했지요. 여기서 죽은 사람들은 갑작스러운 중병으로 죽지 않습니다. 고통스러운 일로 죽지 않아요. 달콤한 잠을 즐기는 사이에 서서히 죽어 간답니다.

정직 ─ 자네도 정자에서 잠들어 있는 두 사람을 보았는가?

불굴 ─ 네, 부주의와 무모가 잠들어 있는 걸 보았어요. 필시 그들은 썩어 문드러질 때까지 잘 겁니다.잠 10:7 그건 그렇고 제 이야기를 좀 더 해 보겠습니다. 앞서 말했듯이 생각에 잠겨 걷고 있는데 아주 화려한 옷을 입은 나이가 좀 들어 보이는 한 여자가 제게 다가와 그녀의 육체와 지갑과 침실, 이 세 가지를 제시하지 뭡니까. 사실, 저는 지치고 졸린 데다 땡전 한 푼 없는 상태였지요. 필시 그 마녀는 그걸 알고서 그런 것을 제시했을 겁니다. 제가 한두 번 거절했는데도 그녀는 그저 빙그레 웃기만 하더군요. 제가 화를 내도 그 여자는 아랑곳없이 또다시 제안했어요. 자기한테 굴복하면 저를 위대하고 행복하게 해 주겠다고 하더군요. 자신은 세상의 여왕이며 남자들을 행복하게 해 준다나 뭐라나. 제가 이름을 물어보니 거품 마담Madam Bubble이라고 하더군요. 제가 발걸음을 재촉해서 멀리 떨어졌는데도 그 여자는 계속해서 저를 따라오며 끈질기게 유혹했습니다.

그래서 보셨다시피 저는 무릎을 꿇고 손을 높이 들어 위에 계신 분께 도와 달라고 부르짖었답니다. 그랬더니 여러분이 나타났고, 여러분이 오자마자 그 여자는 어디론가 가 버렸습니다. 그래서 저는 저를 구원해 주신 큰 은혜에 감사의 기도를 올렸지요. 그 여자는 절대 좋은 뜻으로 저한테 다가온 게 아닙니다. 제가 가는 길을 막으려고 온 여자가 분명해요.

정직 ─ 그 여자는 자네한테 해를 끼치려고 했던 게 분명하네. 그런데 자네 이야기를 들어 보니 나도 그 여자를 봤든지 그 여자에 관한 이야기를 읽었든지 했던 것 같네.

불굴 ─ 아마 보기도 하고 듣기도 하셨을 겁니다.

정직 ― 거품 마담? 혹시 키가 좀 크고 약간 얼굴이 가무잡잡한 미모의 여성 아닌가?

불굴 ― 맞습니다. 딱 그렇게 생겼습니다.

정직 ― 청산유수에다 말끝마다 웃음을 흘리지 않던가?

불굴 ― 맞아요. 그렇게 행동합니다.

정직 ― 옆구리에 큼지막한 지갑을 차고 다니면서 수시로 지갑에 손을 넣어 돈을 만지작거리지? 마치 돈이 최고라는 듯 말이야.

불굴 ― 맞아요! 마치 그 여자를 눈앞에 두고 설명하시는 것 같네요. 그 여자의 특징을 이보다 더 잘 말할 수는 없을 겁니다.

정직 ― 그렇다면 그 여자의 그림을 그린 사람은 정말 훌륭한 화가요, 그 여자에 관한 이야기를 쓴 사람은 그야말로 있는 그대로 쓴 것이군.

담대 ― 한마디로 마녀입니다. 이 땅은 그 마녀가 부린 마법에 걸려 있는 겁니다. 누구든 그 여자의 무릎에 머리를 누이는 자는 도끼가 걸려 있는 단두대 위에 머리를 올리는 것이나 마찬가지지요. 그리고 누구든지 그 여자의 아름다움에 눈길을 주는 자는 하나님의 적으로 여겨질 겁니다. 그 여자는 겉으로 보기엔 아름답지만 순례자를 하나님의 원수로 만들기를 권하는 자입니다.약 4:4; 요일 2:15 많은 사람을 순례자의 삶에서 벗어나게 만든 요녀지요. 그 여자는 또 험담하길 즐겨합니다. 그 여자와 딸은 순례자만 보면 득달같이 달려가 치켜세우다가 이 세상이 훨씬 좋다고 꼬드기지요.

게다가 음녀인 그 여자는 어찌나 낯짝이 두꺼운지 아무 남자와 쉽게 말을 섞습니다. 항상 가난한 자들을 비웃으면서 부자에게는 철저히 아부하고요. 남을 속여 돈을 버는 데 뛰어난 사람을 보면 집집마다 다니며 그를 엄청 치켜세운답니다. 실컷 먹고 마시는 자리를 얼마나 좋아하던지 술판에 가면 어김없이 그 여자가 있지요. 어떤 곳에서는 그 여자를 여신으로 여겨 숭배하는 자들이 더러 있다고 하더군요.

그 여자는 대놓고 불륜을 일삼으면서도 자기만큼 선한 사람은 없다고 떠들고 다녀요. 자자손손 자신을 사랑하고 아끼면 그들과 함께 살아 주겠다고 약속까지 합니다. 어떤 곳에서는 특정한 사람들에게 돈을 물 쓰듯 쓴다고도 하고……. 아부 좋아하고 사내들 품에 안기기 좋아하는 걸로 유명하지요. 원, 어찌나 재력을 과시하길 즐기고, 자신을 치켜세우는 사람들은 또 어찌나 좋아하는지. 자신이 시키는 대로만 하면 왕관과 왕국을 얻을 것이라고 약속하지만 그 여자 때문에 목이 날아간 자가 벌써 수천 명이고, 지옥에 간 사람만도 수만 명이랍니다.

불굴 ─ 아, 제가 그 여자를 뿌리쳐서 얼마나 다행인지 모르겠습니다. 그 여자를 따라갔다면 저를 어디로 데려갔을까요?

담대 ─ 확실한 건 오직 하나님만 아시지요. 하지만 "여러 가지 어리석고 해로운 욕심에 떨어지나니 곧 사람으로 파멸과 멸망에 빠지게 하는 것이라"라는 말씀이 있듯, 그 여자는 그대

를 그런 욕심으로 이끌어 갔을 겁니다. 딤전 6:9

압살롬과 여로보암이 각각 아버지와 주인에게 반역을 일으키게 꼬드긴 것도 그 여자였습니다. 그 여자는 가룟 유다가 주님을 팔아먹도록 유혹하고 데마가 경건한 순례자의 삶을 버리도록 만들었습니다. 그 외에도 그 여자가 저지른 악행은 일일이 다 셀 수 없을 정도입니다. 그 여자는 왕과 신하, 부모와 자식, 이웃 사이, 부부 사이를 분열시키지요. 심지어 사람 속에서도 육신과 마음의 분열을 일으킨답니다.

그러니 선한 불굴 씨, 이름에 걸맞게 불굴의 믿음으로 순례를 끝까지 잘 마무리하시기 바랍니다.

이런 대화를 나누는 내내 순례자들의 마음속에서는 기쁨과 떨림이 공존했고, 그런 심정은 결국 노래로 터져 나왔다.

순례자의 길이 얼마나 위험한지
적은 얼마나 많으며
죄에 빠질 길 또한 어찌나 많은지
한낱 필멸의 인생은 아무도 모르네.
도랑을 피한 사람도
진창에 빠져 뒹굴 수 있고,
프라이팬을 피하지만
오히려 불 속에 뛰어들 수 있다네.

"마법의 땅은 원수가 순례자들을 무너뜨리기 위해 설치한
마지막 안식처 중 하나입니다.
그래서 보다시피 순례 길이 거의 끝나가는 이곳에 있는 거지요.
그래서 더 위험한 곳입니다.
여행 끝 무렵에는 몸이 그야말로 천근만근이라서
그냥 앉아서 쉬고만 싶은 마음이 이전보다 훨씬 더 간절해지니까요.
원수는 바로 이 점을 노리고 있습니다.

여기서 죽은 사람들은
갑작스러운 중병으로 죽지 않습니다.
고통스러운 일로 죽지 않아요.
달콤한 잠을 즐기는 사이에
서서히 죽어 간답니다."

CHAPTER 10

모두가 맞이할 '다리 없는 강' 앞에서

'이 땅에서의 삶'의 의미

얼마 뒤 내가 보니, 순례자들은 어느덧 쁄라의 땅에 들어서고 있었다. 그곳은 밤이나 낮이나 해가 환하게 비추는 곳이었다. 거기서 그들은 순례의 여정을 보내느라 지칠 대로 지친 몸을 잠시 쉬게 했다. 이 나라는 순례자들을 위한 나라였고, 천국 왕의 소유인 과수원과 포도원은 어떤 열매든 마음대로 따서 먹을 수 있었다. 그 땅에서 편안히 쉬고 있으려니 금세 지친 몸과 마음이 회복되었다. 크게 울려 퍼지는 종소리와 기분 좋게 들리는 나팔 소리에 잠을 이루기 힘들었지만 몸은 마치 단잠을 잔 것처럼 날아갈 듯 가벼웠다.

거리에서는 시끌벅적 떠드는 사람들의 소리가 들렸다. "순례자들이 마을에 또 왔어." 그러자 또 다른 무리가 외쳤다. "오늘 정말 많은 순례자가 강을 건너 황금 문으로 들어갔다네!" 어떤 이들은 이렇게 외쳤다. "방금 빛나는 자들의 군대가 마을에 왔어! 그걸 보면 순례자들이 또 온 것이 분명해! 이 군대는 온갖 고난당한 순례자들을 섬기고 위로하기 위해 오니 말이야."

순례자들은 일어서서 이리저리 서성였다. 그들 귀에는 천국의 소리가 가득했고 그들 눈은 천국의 모습을 보고 기쁨으로 반짝였다! 이 땅에서 그들이 보고 듣고 느끼고 냄새를 맡고 맛본 것 중에 기분이나 비위에 거슬리는 것은 단 하나도 없었다. 딱 하나, 그들이 머잖아 건널 강의 물을 맛봤을 때 입에서 약간 씁쓸한 듯하긴 했다. 하지만 배 속으로 들어가자 그렇게나 달콤할 수가 없었다.

이곳에는 옛 순례자들의 이름과 그들의 유명한 행적을 빠짐없이 담은 기록이 있었다. 그리고 여기서 어떤 이가 건널 때는 강이 불어나 강둑까지 넘치고, 어떤 이가 건널 때는 물이 거의 다 빠져 거의 마른 땅을 걷는 것 같았다는 말을 자주 들을 수 있었다.

이 마을 아이들은 왕의 정원에 핀 꽃들로 꽃다발을 만들어서는 애정을 듬뿍 담아 순례자들에게 가져다주었다. 고벨화, 감송향, 샤프란, 창포, 계수 나무며, 각종 유향과 몰약과 침향과 모든 진귀한 향료를 내는 나무까지, 그 정원에는 더없이 좋은 온갖 꽃과 나무가 자라고 있었다. 덕분에 순례자들이 이곳에 머무는 동안 그들의 방은 진귀한 향품으로 향기가 가득했다. 또 정해진 때가 오면 그들 몸에 향품을 발라 강을 건너갈 준비를 하게 해 주었다.

이제 순례자들이 이 땅에 머물며 때를 기다리는데 마을이 소란스러워졌다. 알고 보니 천성에서 우체부가 온 것이다. 우체부는 순례자 크리스천의 아내 크리스티아나에게 전해 줄 중요한 편지를 들고 있었다. 수소문 끝에 크리스티아나가 머무는 집을 찾아낸 우체부는 크리스티아나에게 편지를 건네며 이렇게 말했다.

우체부 ─ 안녕하세요, 선한 여인이여! 주님께서 그대를 부르신다는

> 소식을 가져왔습니다. 주님께서는 그대가 불멸의 옷을 입고 열흘 안에 그분 앞에 서기를 원하십니다.

우체부는 크리스티아나에게 편지를 읽어 준 뒤 자신이 진정한 사자라는 확실한 징표를 제시하고 나서 서둘러 갈 채비를 하라고 말했다. 사랑으로 끝을 뾰족하게 다듬은 화살이 그 징표였다. 그 화살은 크리스티아나의 가슴에 깊숙이 박혀, 때가 되면 떠날 마음을 먹게끔 서서히 작용하게 하는 효과가 있었다.

이윽고 크리스티아나는 자신의 때가 왔음을 느꼈다. 자신이 이 무리에서 가장 먼저 강을 건널 자임을 깨달은 그녀는 안내자 담대를 불러 그 소식을 알렸다. 담대는 그 소식에 진심으로 기뻐하면서도 자신에게도 우체부가 왔으면 좋겠다고 말했다. 크리스티아나가 여행을 어떻게 준비해야 할지 조언을 구하자 담대는 이것저것 준비할 것을 알려 준 뒤 살아 있는 사람들이 강가까지 바래다줄 것이라고 말했다.

이어서 크리스티아나는 자녀들을 불러 축복한 뒤 그들 이마에 난 표시를 보니 안심이 된다고 말했다. 그리고 그들이 그곳까지 무사히 함께 오고 옷을 새하얗게 잘 유지해 줘서 기쁘다고 말했다. 마지막으로, 얼마 되지 않는 소유물을 가난한 자들에게 나눠 주고 나서 아들들과 며느리들에게 그들을 위해서도 곧 사자가 찾아올 테니 준비하라고 당부했다.

크리스티아나는 담대와 자식들에게 마지막 당부의 말을 전한 뒤 진리의 용사를 불러 말했다. “진리의 용사 님은 어디서나 진실한 모습을 보여 주셨습니다. 죽도록 충성하시면 우리 왕께서 생명의 면류관을 주실 겁니다. 아울러 우리 아이들을 잘 부탁드려요. 그 아이들이 나약해질 때마다 따끔하게 충고해 주십시오. 우리 며느리들은 충성을 다했으니 그 아이들을 위한 약속이 반드시 이루어질 줄 믿습니다."

그렇게 말하고 나서 불굴에게는 반지를 내주었다.

이어서 크리스티아나는 노신사 정직을 불러 말했다. "보라 이는 참으로 이스라엘 사람이라 그 속에 간사한 것이 없도다."요 1:47

이에 정직이 화답했다. "부인이 시온산을 향해 떠날 때 날씨가 맑고, 이왕이면 마른 땅으로 강을 건너가기를 바라오."

하지만 크리스티아나는 이렇게 말했다. "비가 오든 화창하든 상관없이 빨리 가고만 싶습니다. 날씨가 어떻든 어차피 그곳에 가면 편히 앉아 쉬면서 몸을 말릴 시간이 충분할 테니까요."

뒤이어 멈추기 직전이 크리스티아나를 보러 왔다. 크리스티아나는 그에게 이렇게 말했다. "여기까지 오는 여행이 힘드셨겠지만 그래서 쉼이 더 달콤할 겁니다. 깨어서 준비하세요. 생각지도 못한 때에 사자가 오실지도 모르니까요."

이번에는 의기소침과 그의 딸 왕겁쟁이가 들어왔다. 크리스티아나는 그들에게 이렇게 말했다. "절망의 거인의 손에서 벗어나 의심의 성을 빠져나온 일을 늘 기억하면서 감사하셔야 합니다. 그 은혜로 여기까지 무사히 오셨어요. 하지만 정신 바짝 차리고 두려움을 떨쳐 내셔야 합니다. 말이나 행동을 조심하고 부디 끝까지 소망을 품으세요."

또 약한 마음에게는 이렇게 말했다. "그대는 선 죽이기 거인의 입에서 건짐을 받았습니다. 그로 인해 왕을 뵙고 생명의 빛 가운데서 영원히 살 수 있게 되었지요. 하지만 한 가지, 왕께서 그대를 부르시기 전에 걸핏하면 두려움에 빠지고 그분의 선하심을 의심했던 것을 회개하시기 바랍니다. 그래야 그분 앞에 설 때 부끄러움으로 얼굴이 붉어지지 않을 테니까요."

크리스티아나가 떠나야 할 날이 다가왔다. 거리는 떠나는 그녀를 보려는 수많은 사람들로 북적거렸다. 강 너머 둑을 보니 그녀를 천성의 문까지 데려가기 위해 내려온 말과 전차가 가득했다. 이제 그녀는 강가까지 따라온 사람들에게 작별 인사를 하며 강으로 들어갔다. 그녀의 마지막 말은 이러했다.

크리스티아나 ⁄ 주님, 제가 갑니다. 주님과 함께 살며 주님을 찬양하기 위해 갑니다.

그녀를 기다리던 자들이 크리스티아나를 데려가 시야에서 사라지자 크리스티아나의 자손들과 친구들은 각자의 거처로 돌아갔다. 크리스티아나는 예전에 남편 크리스천이 입성할 때처럼 온갖 기쁨의 의식에 둘러싸여 천성의 문으로 들어갔다.

크리스티아나가 떠나자 자손들은 눈물을 흘리며 슬퍼했지만 담대와 진리의 용사는 잘 조율된 수금과 소고를 연주하며 기뻐했다. 그러고 나서 모두 각자의 거처로 돌아갔다.

시간이 지나자 우체부가 다시 마을에 찾아왔다. 그의 이번 용무는 멈추기 직전에게 소식을 전하는 것이었다. 우체부는 멈추기 직전을 수소문해 찾아가 말했다. "저는 그대가 사랑하는 분, 목발을 짚고서라도 끝까지 따른 그분의 이름으로 이곳에 왔습니다. 그분은 부활절 다음 날 그분의 나라에 있는 그분의 식탁에서 그대와 함께 저녁 만찬을 나누기를 기대하고 계십니다. 그러니 이 여행길에 오를 준비를 하십시오."

우체부는 멈추기 직전에게도 자신이 진정한 사자라는 징표로서 왕의 말씀을 전했다. "내가 네 금 그릇을 깨고 네 은줄을 풀었다."전 12:6

멈추기 직전은 동료 순례자들을 불러 이렇게 말했다.

멈추기 직전 ⁄ 저도 그분께 부르심을 받았습니다. 하나님이 곧 여러분도 부르실 줄로 믿습니다.

그러고 나서 그는 진리의 용사에게 자신의 유언장을 만들어 달라고 부탁했다. 그는 살아 있는 사람들에게 줄 것이 목발과 선한 소원들밖에 없었기 때문에 이렇게 말했다. "내 발자취를 따라올 아들에게 이 목발과 함께 그 아이가 나보다 더 낫기를 바라는 마음에서 품어 온 100가지 소원을 유산으로 주겠습니다."

멈추기 직전은 담대의 친절한 안내에 감사를 표하고 나서 길을 나섰다. 그리고 강둑에 이르러 이렇게 말했다. "저기 나를 태우고 갈 전차들과 말들이 있으니 이 목발은 더 이상 필요가 없구나." 그가 남긴 마지막 말은 이러했다. "어서 오라, 생명이여!" 그렇게 그는 떠나갔다.

얼마 뒤 우체부는 약한 마음의 방문 앞에서 나팔을 불었다. 그러고 나서 들어가 그에게 소식을 전했다. "주님께서 당신을 원하신다는 소식을 전하기 위해 왔습니다. 곧 그분의 빛나는 얼굴을 보러 가셔야 합니다. 자, 제 메시지가 진실이라는 증거로 이 말씀을 받으십시오. '창들로 내다보는 자가 어두워질 것이며.'전 12:3"

이후 약한 마음은 친구들을 불러 자신이 어떤 소식을 듣고 어떤 징표를 받았는지 알리고 나서 이렇게 말했다.

약한 마음 ⁄ 나는 줄 것이 아무것도 없으니 유언장을 쓸 필요가 없을 것 같습니다. 내 약한 마음은 버리고 가겠습니다. 제가 갈 곳에서는 필요가 없을 테고, 더군다나 다른 순례자에게 줄 만한 가치도 없으니까요. 그러니 제가 가거든 진리의 용사께서 이 마음을 퇴비 더미에 묻어 주시면 감사하겠습니다.

떠나야 할 날이 다가오자 그는 다른 순례자들처럼 강으로 갔다. 그가 마지막으로 남긴 말은 이러했다. "믿음과 인내를 발휘하라." 그렇게 말하고서 약한 마음 역시 강 건너편으로 건너갔다.

여러 날이 지난 뒤 이번엔 의기소침이 부름을 받았다. 이번에도 우체부가 와서 그에게 메시지를 전했다. "두려워서 떠는 자여, 돌아오는 주의 날 왕을 만날 준비를 하십시오. 그때 모든 의심에서 구원받은 것에 대해 왕과 함께 기뻐 외치게 될 것입니다."

우체부의 말이 이어졌다. "제 메시지가 참이라는 증거로 이 말씀을 받으십시오. '메뚜기도 짐이 될 것이며.'전 12:5"

의기소침의 딸인 왕겁쟁이는 이 소식을 듣고 아버지와 같이 가고 싶다고 말했다. 의기소침은 친구들에게 말했다.

의기소침 ― 아시다시피 저와 제 딸은 여러분 모두에게 큰 짐이었습니다. 그래서 저와 제 딸의 유언은 이렇습니다. 저희가 떠난 뒤로 그 누구도 저희의 낙담과 지독한 두려움을 받지 않기를 바랍니다. 저희가 죽으면 그것들이 다른 사람 안에 들어가려고 발악을 할 테니 말입니다. 놈들은 악한 영입니다. 처음 순례를 시작할 때 한번 놈들을 받아들이고 나니 그 뒤로 떨쳐 내기 힘들었답니다. 놈들은 계속해서 헤매며 자신을 받아 줄 순례자들을 찾을 겁니다. 그러니 부디 놈들이 들어오지 않도록 문을 단단히 걸어 잠그십시오.

떠날 때가 오자 부녀는 강가로 향했다. 의기소침이 마지막으로 남긴 말은 "밤이여, 잘 있거라!"였다. 그의 딸은 노래를 부르며 강을 건넜는데 이 땅에 사는 이는 아무도 그 노랫말을 이해할 수 없었다.

얼마 지나 마을에 우체부가 다시 찾아와서는 정직이 거하는 곳을 물었다. 그는 그곳에 가서 이런 소식을 전했다. "일곱 밤이 지난 뒤에 아버지의 집에서 주님 앞에 서라는 명령이 떨어졌습니다. 제 메시지가 참이라는 증거로 이 말씀을 받으세요. '음악 하는 여자들은 다 쇠하여질 것이며.'전 12:4" 우체부가 간 뒤 정직은 친구들을 불러 말했다.

정직 ⁄ 나는 곧 죽을 거요. 하지만 유언장을 남기지는 않겠소. 내 정직은 갖고 갈 것이니 뒤에 올 사람들에게는 내 정직에 관해 말로 전해 주시오.

떠날 날이 오자 정직은 담담하게 강으로 걸어갔다. 당시 강물이 곳곳에서 불어나 둑까지 넘쳐 흘렀다. 하지만 생전에 그곳에서 만나기로 약속한 선한 양심Good-conscience이 약속대로 찾아와 정직의 손을 잡고 함께 강을 건너 주었다. 정직이 남긴 마지막 말은 "은혜의 주께서 다스리시네!"였다. 그렇게 그는 세상을 떠났다.

이 일 후에 진리의 용사가 같은 우체부에게서 부름의 소식을 받고 그 부름을 입증하는 징표도 받았다는 소문이 파다하게 퍼졌다. 그 징표는 이 말씀이었다. "항아리가 샘 곁에서 깨지고."전 12:6 진리의 용사는 이 징표를 묵상하여 이해한 뒤 친구들을 불러 말했다.

진리의 용사 ⁄ 저는 이제 아버지의 집으로 갑니다. 비록 여기까지 오느라 많은 고생을 했지만 조금도 후회하지 않아요. 제 검은 제 순례를 이어받을 사람에게 주고, 제 용기와 기술은 누구든 받을 자격이 있는 사람에게 주겠습니다. 제 몸에 난 흔적과 상처는 제게 상급을 주시는 분을 위해 열심히 싸웠다는 증거로 갖고 가겠습니다.

진리의 용사가 떠나야 할 시간이 되자 많은 사람이 강가까지 그를 배웅했다. 거기서 그는 그들에게 이렇게 말했다. "사망아 네가 쏘는 것이 어디 있느냐." 그리고 물속으로 깊이 들어가면서 다시 말했다. "사망아 너의 승리가 어디 있느냐."고전 15:55 그가 강을 건너는 동안 강 건너편에서 그를 위한 환영의 나팔 소리가 요란하게 울렸다.

얼마 뒤 불굴이 주님께 부름받았다. 불굴은 마법의 땅에서 무릎을 꿇고 기도하던 바로 그 사람이다. 우체부는 그를 찾아가 주님이 그를 한시라도 빨리 보기를 원하시니 삶의 변화를 준비해야 한다는 내용의 편지를 전했다. 그 소식에 불굴은 지난 추억에 깊이 젖어 들었다. 그때 우체부는 이렇게 말했다. "자, 제 메시지의 진실성을 의심하지 않도록 이 말씀을 징표로 드립니다. '바퀴가 우물 위에서 깨지고.'전 12:6"

불굴은 안내자인 담대 쪽으로 몸을 돌려 말했다.

불굴 ─ 순례할 당시 선생님과 그리 오래 동행하지 못한 것이 아쉽지만 그 시간이 제게는 더없이 유익했습니다. 제가 집을 떠날 때 아내와 어린 자식 다섯을 두고 왔습니다. 또 다른 거룩한 순례자들을 안내하기 위해 주인의 집으로 돌아가시거든, 제 가족들에게 사람을 보내 제가 겪은 일과 누릴 영광을 알려 주시면 정말 감사하겠습니다. 제가 이곳에 무사히 도착해서 얼마나 복되게 지냈는지도 알려 주십시오. 그리고 크리스천과 그의 부인 크리스티아나에 관해서도 말해 주십시오. 부인과 그 자녀들이 어떻게 남편을 따라 순례의 길을 걸어왔는지 소상히 들려주세요. 부인이 얼마나 행복하게 지내다가 어디로 갔는지 제 가족들에게 꼭 전해 주시면 좋겠습니다. 저는 가족들을 위한 기도와 눈물밖에 그들에게 보내 줄 것이 없군요. 하지만 선생님께서 전해 주신 이야기를 듣고 가족들의 심경에 변화가 온다면 그것만으로 더 바랄 것이 없습니다.

떠날 채비를 하다 보니 정해진 시간이 금방 되었다. 그가 강으로 내려갔을 때는 강이 매우 잔잔했다. 그는 강을 반쯤 건너다 말고 서서, 자신을 배웅해 준 친구들에게 마지막으로 이 말을 남겼다.

불굴 ╱ 이 강은 많은 이들에게 두려움의 대상이었습니다. 저도 이 강만 생각하면 두려움에 떨었지요. 하지만 막상 들어와 보니 전혀 힘들지 않네요. 지금 제 발은 이스라엘 백성이 이 요단강을 건널 때 언약궤를 메었던 제사장들이 섰던 곳에 있습니다.[수 3:17] 이 강의 물은 입에 쓰고 배에는 차지만 제가 갈 곳과 건너편에서 저를 기다리는 환대를 생각하니 지금 제 가슴은 활활 타오르는 숯불처럼 뜨겁습니다.
이제 저는 여행의 끝자락에 와 있습니다. 고단했던 나날은 끝났습니다. 이제 곧 저는 저를 위해 머리에 가시관을 쓰시고 침 뱉음을 당하신 그분의 얼굴을 볼 것입니다.

지금까지는 소문과 믿음에 의지하여 살아왔지만 이제는 직접 그분을 뵙고 함께 살 곳으로 즐겁게 갈 것입니다.

저는 주님의 말씀을 듣고 그분의 흔적을 발견하고 따라가는 일을 좋아했습니다.

제게 그분의 이름은 사향을 담은 상자처럼 귀했고 향수처럼 달콤했으며 그분의 음성은 더없이 감미로웠습니다. 저는 햇빛보다 그분의 얼굴을 더 보기를 원했습니다. 저는 그분의 말씀을 제 양식이요, 제 상한 마음을 회복시켜 줄 해독제로 사용해 왔습니다. 그분이 저를 붙들어 주신 덕분에 저는 악한 길에 빠지지 않을 수 있었습니다. 또한 그분은 그분의 길을 걷도록 제 발걸음을 강하게 해 주셨습니다.

이 말을 하는 동안 그의 얼굴빛이 환하게 바뀌고 그의 힘이 더없이 강해졌다. 그는 "주님께 갑니다. 저를 받아 주십시오"라는 말을 끝으로 사람들 시야에서 사라졌다. 순례를 맞이하기 위해 나온 말과 마차, 나팔수, 피리 부는 사람, 노래 부르는 사람, 현악기 연주자들이 그 드넓은 영역을 가득 메운 채 아름다운 성문으로 줄지어 올라가는 모습은 실로 장관이었다.

크리스티아나가 데려온 네 아들과 며느리들, 손주들은 내가 그곳을 떠날 때까지도 강을 건너가지 않고 남아 있었다. 내가 그곳을 떠나온 뒤로 어떤 사람에게 들은 소식에 따르면, 그들은 아직 살아서 그곳에서 교회의 부흥에 힘쓰고 있다고 했다.

내가 그 길을 다시 가게 된다면 이후의 이야기를 원하는 사람들에게 마저 해 주도록 하겠다.

독자들이여, 그때까지 안녕히 계시길!

"지극히 복된 분께서 제 인도자가 되어 주소서.
그분의 복된 뜻대로
저를 그분의 문으로, 그분의 울타리 안으로,
그분의 거룩한 산으로 이끄소서.

저를 내버려 두지 마소서.
어떤 상황이 닥쳐도
제가 그분의 값없는 은혜와 거룩한 길에서
벗어나지 않게 하소서.

제가 두고 온 제 사람들을 모아 주소서.
주여, 그들이 주님 것이 되기를
온 마음을 다해 기도하게 하소서."

글쓴이

존 번연 John Bunyan

존 번연은 1628년 잉글랜드 베드포드(Bedford) 근처 엘스토(elstow)에서 떠돌이 땜장이이자 잡역부인 토머스 번연(Thomas Bunyan)의 아들로 태어났다. 그는 동네의 가난한 아이들이 다니던 지역 중등학교에서 글을 읽고 쓰는 법을 배웠다. 하지만 글을 공부한 지 얼마 되지 않아 가업을 배우기 위해 학교를 떠나야 했을 것이다.

1644년 이 시골 소년의 삶에서 일련의 비극적인 사건이 잇따라 일어났다. 먼저 6월에 어머니가 세상을 떠났고, 7월에는 여동생 마거릿(Margaret)이 그 뒤를 따라 하늘나라로 갔다. 그러고 나서 그의 아버지는 그해 8월에 곧바로 재혼했다.

그해 11월, 열여섯 살의 존 번연은 의회군의 보병으로 입대하여 3년간 복무했다. 그가 배치된 지역에서는 전투가 거의 벌어지지 않았지만, 군 생활은 열악했다. 그러던 어느 날 한 젊은이가 그 대신 임무에 나갔다가 전사하는 사건이 벌어졌다. 이 일을 두고 평생 번연은 하나님이 특별한 사명을 위해 자신을 살려 주셨다고 믿으며 살았다.

1649년경 그는 믿음의 아내와 결혼해 새 가정을 꾸렸다. 결혼할 때 아내가 가져온 신앙 도서들을 접하며 그는 진정한 회심을 경험했다. 그러나 신혼살림은 가난했고, 안타깝게도 첫아이가 시각장애를 안고 태어나 더욱 특별히 돌봐야 했다. 그 뒤로 첫 아내는 1658년 세상을 떠날 때까지 세 자녀를 더 낳았다. 아내와 사별한 지 1년이 지나 번연은 재혼을 했다. 혼란스러웠던 시대상만큼이나 그의 개인사도 녹록지 않았다. 그런데 이즈음 그는 영적 암흑기에 빠져들었다. 그는 예전에 지은 죄로 인해 자신의 구원, 하나님과의 관계, 자신의 진정한 회개를 의심하기 시작했다. 하지만 이 고통스러운 정련과 정화의 시기를 그는 뚫고 나왔으며 마침내 복음을 전하는 설교자로 세워졌다.

한편 번연은 일평생을 내전이 빈번하게 일어나고 영국의 종교 지형도가 다시 그려지는 사회의 대격변 시기에 살았다. 그는 영국 국교회와 별개로 신앙생활을 하는 신자인 '비국교도'(Nonconformist)로 분류되었는데, 1660년 영국의 찰스 2세는 비국교도들의 자유를 제한했다. 하지만 번연은 하나님의 말씀을 전하는 일을 포기할 수 없었고, 결국 베드포드 감옥에 갇히고 말았다. 아내가 그의 방면을 위해 사방으로 힘을 썼지만 그는 12년 동안 옥고를 치러야만 했다. 그 시기에 그는 여러 글을 쓰기 시작했다. 감옥에서 가끔 가족과 친구들을 만나러 나가는 외출이 허락되기도 했다. 그러다 1672년 3월 찰스 2세가 공포한 신앙자유령(Declaration of Indulgence)에 따라 풀려

났다.

출소한 번연은 베드포드 회중교회의 목사가 되었으며, 그의 별명 "번연 주교"(Bishop Bunyan)는 그가 당시 비국교도들의 확실한 리더였다는 점을 보여 준다. 1677년 핍박이 다시 시작되자 그는 다시 6개월의 옥고를 치렀다. 《천로역정》을 비롯해 많은 작품들이 그가 수감 생활을 하는 동안 탄생했다.

1678년 존 번연은 《천로역정》을 출간했다. 이 책은 영국을 넘어 유럽과 미국 전역에서 번연의 명성을 떨치게 해 주었다. 후대에는 물론, 그가 살아 있을 당시에도 이 책은 없는 집이 없었을 정도로 큰 인기를 누렸다. 이렇듯 책이 사람들에게 큰 호응과 사랑을 받자, 이를 이용하려는 자들이 등장해 가짜 속편들이 판을 치게 되었다. 결국 보다 못해 번연은 직접 '크리스천의 남은 가족들 이야기' 집필에 나섰고, 6년 뒤 《천로역정 2: 아직 끝나지 않은 이야기》를 세상에 내놓았다.

번연은 런던에 설교를 하러 갔다가 1688년 8월 31일 그곳에서 눈을 감았다. 한 아버지와 아들의 다툼을 중재하기 위해 폭우를 뚫고 갔다가 열병에 걸린 것이 화근이었다. 열병이 아니라 폐렴이 원인이었다는 말도 있다.

한 익명의 전기 작가는 번연을 기골이 장대하고 열

베드포드 감옥의 존 번연, 1667

존 번연이 갇혀 있던 베드포드 감옥

굴의 혈색이 좋고 눈이 반짝거리며 콧수염을 길렀고 이마가 넓은 인물로 묘사했다. 그는 언제나 수수한 옷차림을 하고 다녔다.

비록 학교에서의 배움은 짧았지만 번연의 글은 그 어떤 작가의 글보다도 훌륭하다. 그는 풍자와 영웅 이야기, 유머, 영적 분야까지 거의 모든 장르를 빼어난 솜씨로 다루었다. 그는 평범한 사람들이 겪는 씨름에 깊이 공감을 보였고, 성경의 영적 원칙을 그들의 실질적인 삶과 연결시키는 재주가 탁월했다.

성경 다음으로 가장 많이 인쇄된 책이라는《천로역정》은 절박감이 감도는 여행의 시작 장면에서 순례자들이 죽음의 강을 건넌 뒤에 펼쳐지는 찬란한 마지막 장면까지, 하나님을 향한 모든 신앙인의 영적 여정을 생동감 넘치게 그대로 재현해 냈다는 평을 듣는다. 이외에도 존 번연은《죄인의 괴수에게 넘치는 은혜》,《거룩한 전쟁》,《악인 씨의 삶과 죽음》등의 명저를 남겼다.

• 한눈에 보는 존 번연의 생애와 시대상 •

나라의 사건	연도	존 번연의 생애
찰스 1세 왕 즉위	1625년	
	1628년	베드포드 인근의 엘스토에서 토머스·마거릿 번연 부부의 아들로 태어남
영국 내전(의회파와 왕당파의 싸움) 발발	1642년	
	1644년	어머니와 여동생의 사망. 아버지의 재혼. 의회파 군대에 입대
의회파 신형군의 네이즈비 전투 승리	1645년	
제2차 내전	1647년	엘스토로 귀향
찰스 1세가 처형되고 공화정이 선포됨	1649년	결혼
	1650년	딸 메리가 시각장애를 안고 태어남
영국과 네덜란드의 제1차 전쟁	1652년	회심
올리버 크롬웰이 호국경이 됨	1653년	베드포드 세인트존교회에서 모인 독립 회중교회에 등록
잉글랜드가 11개 군사 지구로 분할	1655년	일가족이 베드포드의 세인트 커스버트가에 거주
	1656년	첫 저서인 *Some Gospel Truths Opened* (드러난 복음의 진리) 출간
올리버 크롬웰의 사망	1658년	아내와 사별
	1659년	재혼

일반 역사	연도	번연의 생애
왕정복고로 찰스 2세가 왕이 됨	1660년	할링턴 부근에서 체포되어 주(州) 감옥에 12년간 투옥됨. 베드포드 회중교회는 비밀리에 모임
종교통일령으로 비국교도 목사들의 성직록(祿)이 박탈됨	1662년	
비밀집회 금지령으로 국교회 이외의 종교 집회가 금지됨	1664년	
흑사병이 최고조에 달함	1665년	
런던 대화재	1666년	《죄인의 괴수에게 넘치는 은혜》 출간
찰스 2세의 신앙자유령 공포	1672년	석방되어 베드포드 회중교회의 목사가 됨
	1677년	단기간의 제2차 투옥
	1678년	《천로역정》 출간
	1682년	《거룩한 전쟁》 출간
	1684년	《천로역정 2: 아직 끝나지 않은 이야기》 출간
찰스 2세가 죽고 동생 제임스 2세가 왕이 됨	1685년	
신앙자유령이 새로 공포되어 비국교도에 대한 박해가 누그러지기 시작	1687년	
	1688년	사망. 런던에 묻힘
윌리엄과 메리가 공동 왕이 되고 관용령이 통과되어 비국교도에게 상당한 자유가 부여됨	1689년	
	1692년	재혼한 아내 엘리자베스 사망

이 연보는 피터 모든의 《존 번연의 순례자 영성》(2016, 두란노 역간)에서 인용했습니다.

주 예수를 믿으라 그리하면

너와 네 집이 구원을 받으리라.

사도행전 16장 31절